hito*yume book

親から子へ

かかわりの糸を結ぶ21の言葉

文溪堂

はじめに

子育てで困ったことに直面して、一人で抱え込み何とかしようとしても、なかなかうまくいかないものです。少し視点を変えたアドバイスに耳を傾け、実践してみることも、現状を変える力になるのではないでしょうか？　本書は、子育てに悩むお父さん、お母さんにとって、支えや味方となる「21の言葉」を紹介しています。

「人と人の間で生きるから人間」。私たちは日常生活のさまざまな場で、人とかかわって生きています。かかわり合う人同士がお互いを信頼できる太い「糸」で結ばれたならば、そこでは、どれほどの笑顔が見られ、どれほどの笑い声が聞こえるでしょうか？　親子で、夫婦で、家族が太い糸で結ばれると、明るい笑顔が絶えない家庭を築くことができるでしょう。温かな家庭の子育ては、悩みも、問題行動も、小さな芽のうちに摘み取ってしまうことができると思うのです。

人生の一瞬一瞬はかけがえのない大切な時間です。育てる親にとっても、育てられる子どもにとっても。大切な時間が輝いて未来へとつながっていくような子育てをしたいものです。

W・ボウエン著『もう、不満は言わない』の中に、「鶏※の卵は孵化するのに21日かかる。人間が新しい行動を習慣にするにもやはり21日かかる」という一節があります。ボウエンは、この考えをもとに「21日間、不平不満を言わない」というチャレンジを提唱していますが、私も氏にあやかり、「21の言葉を一日一つずつ、自分や相手にかける」ことを皆さんにお薦めします。「言葉をかける」という行動がやがて習慣となり、お互いを結ぶ「かかわりの糸」が太くなっていくことでしょう。

皆さんと共に学び続ける親の一人として……　**曽山　和彦**

親から子へ
かかわりの糸を結ぶ21の言葉　目次

登場人物紹介

小学校6年生。しっかり者の堅実タイプ。思春期に突入し、いろいろと気になることも…
小学校3年生。自分にあまり自信がなく、おどおどしている
お父さん
エミちゃん
ユイちゃん
お母さん

ユイちゃん・エミちゃん Family

勉強面が気になる…

私（親）とのかかわりが気になる…

小学校3年生。エミちゃんの親友。優等生タイプの静かでおっとりした性格
お父さん
ワカナちゃん
お母さん

ワカナちゃん Family

親から子へ
かかわりの糸を結ぶ21の言葉　目次

小学校1年生。明るく活発だが、落ち着きがない。お兄ちゃんとはしょっちゅうケンカをしている
小学校6年生。元気だが、少し怒りっぽい。最近言葉が荒れ気味…
おばあちゃん
ツバサ君
ユウト君
お母さん
お父さん

ユウト君・ツバサ君 Family

私自身が「親」として気になる…

オサム君 Family

今どきの子どもとのかかわり方

母親受難の時代

グローバル化は家庭にも及び、今や国際結婚も珍しくはない時代です。国際結婚で生まれた子どもを育てる家庭や海外出身者が日本で子育てしていることも多く見かけるようになりました。自分の育った環境と価値観の異なる環境での子育ては何かと大変なことでしょう。まして核家族化が進み、シングルマザー、シングルファーザーでの子育ても多いようで、何かと心細い思いをしている子育て世帯も多いのではないでしょうか？

一昔前のように三世代同居の多い時代であれば、祖父母の手があることから、母親にかかる子育ての負担はある程度軽減されていたであろうことが推察されます。ところが、現代のように核家族が増え続ける家庭環境では、母親にかかる子育ての負担がかなり大きいということもまた推察されます。自分が体調を崩したときなど「助けてください」と、誰かに助けを求められる環境にあるならば、まだ幸せです。しかし、世の中には、そうしたことも難しい環境に置かれ、たった一人で子育てに奮闘している母親も多くいます。このように、家庭環境一つをとってみても、現代は以前に比べると格段に母親受難の時代にあると言えるのではないでしょうか。

さらに、母親受難の時代を後押ししてしまっているのが、地域環境の変化です。一昔前であれば、隣近所の住民が親密であり、泣いている子どもがいれば「どうしたの？　よしよし」と声をかける大人が多かったと思います。地域のさまざまなところで井戸端会議が開かれ、悩める若い母親に対し「そんなことはどの子も同じ。心配ないわよ」と、ベテランの母親からの助言があるなど、自然に母親として育つ環境が整っていたのです。それが今や、泣いている子どもがいれば、隣家から「うるさい！」という苦情が寄せられるような時代です。そうした環境下では、若い母親は周りの人に相談などできるはずがなく、たった一人で子育てを抱え込まざるを得ません。そうなれば、心の余裕は奪われ、子育てにゆったりした気持ちで向き合うことなどできなくなります。母親からの児童虐待が激増している背景には、こうした母親受難の時代という厳しい状況が反映されていると感じます。

今、最も子どもに育ちにくい力

母親受難の時代ではありますが、多くのお母さん方は、一生懸命、子育てをしています。ただ、お母さんそれぞれの頑張りをもってしても、なかなか難しいところもあります。それは「自尊感情（＝自己評価の感情）」と「ソーシャルスキル（＝人づき合いの技術・コツ）」の二つを育てることです。何故これらを育てにくいのかといえば、どちらも「かかわりを通してしか育たない力」だからです。前述のとおり家庭も地域も、一昔前に比べれば子どもにかかわる大人が少なく、日々、かけられる言葉は格段に少なくなっています。「いい子だね」「何かしてもらったら『ありがとう』って言うんだよ」等、大人から繰り返しかけられる言葉によって、子どもは少しずつ自尊感情やソーシャルスキルを育んでいきます。夜回り先生として有名な水谷修氏は、ある講演で「子どもは大人から愛されれば愛されるほど非行から遠ざかる」という話をしています。「愛する」ということは、「言葉をかける」ということ。たっぷりと大人から言葉をかけられた子どもは自尊感情もソーシャルスキルも育まれ、非行からは遠ざかっていくのです。

学校現場では不登校・いじめ等の学校不適応問題がいつまでも解消されません。

平成27年度の「児童生徒の問題行動等生徒指導上の諸問題に関する調査」結果（文部科学省、速報値）によれば、小・中学校における不登校児童生徒数は12万人を超え、不登校児童生徒の割合は1・26％を示し、小・中・高等学校および特別支援学校におけるいじめの認知件数は22万件を超えています。どちらも悩ましく、心が痛む現状です。

自尊感情が低い子どもは自分にOKと言えない子どもたちです。自分に自信がなければ不登校にも陥りやすいでしょうし、周りにはもっとOKと言えないことからいじめを誘発する可能性も高いでしょう。ソーシャルスキルが乏しい子どもは友達関係もうまくいかず、不登校に陥る可能性も高いでしょうし、悪気なく強い言い方をしてしまうこともあって、やはりいじめを誘発する可能性が高いでしょう。自尊感情もソーシャルスキルも一朝一夕に育まれるわけではありません。小さい頃から家庭や地域で、親を筆頭に身近な大人から愛され、その後、保育園・幼稚園・小学校と、それぞれの場所で愛されることで、自分自身を支える根が強く太く張り巡らされていくものです。

水谷氏の言葉を借りるなら子どもを非行から遠ざけるために、そして、学校現場の現状を鑑みるなら不登校・いじめの芽を摘むために、私たち親は、繰り返し子どもへの言葉をかけ続けていく必要があります。家庭も地域も子育て機能が低下している現代社会において、私たち親が機能回復への小さな一歩を踏み出してみることが大切です。そして、その一歩に続く二歩、三歩も無理のない歩幅で、日々、歩み続けるということも大切です。私は、親から子へかける言葉のひと言ひと言が子育て機能を回復する一歩、二歩であると信じています。親から子へかけ続ける言葉は軌跡となります。そして、それはやがて、子どもが変わった、成長したという奇跡につながります。軌跡が奇跡を生むのです。親として教師として、これまで子どもたちにかかわり続けた私自身の実感です。

自信をもって子どもに言葉をかけ続けるために

日々の「子育て」という体験を通じ、「これは大切な言葉かけだな」と感じるものは数多くあるでしょう。例えば、「『ありがとう』は素敵な日本語ナンバーワン。『ありがとう』が自然に言える子どもになってほしい。だから、子どもには『誰かに何かをしてもらったら、ありがとうって言おうね』と繰り返し言い続けたい」と思うことがあるでしょう。その際、「ありがとう」は、臨床心理学者T・ゴードンが提唱する「親のためのリーダーシップ訓練講座『親業』※」の理論によれば「肯定のアイメッセージ」であり、心理学者A・アドラーが創始した新しい理論に基づく個人心理学である「アドラー心理学」によれば「勇気づけの言葉」※になります。このような理論的な意義を学んだならば、私たち親は、明日からもっと自信をもって、子どもに「ありがとう」の大切さを言い続けることができるようになります。

子どもとの関係づくりに悩んだら、これまでの経験や勘だのみだけではない、自分の軸足になる理論を学ぶことが大切です。私が教育カウンセリングの師、國分康孝先生（東京成徳大学名誉教授）から学んだのは、「I thinkの前には理論が必要」という言葉です。私の思いを込めた言葉ができるだけ説得力をもって皆さんに届くよう、本書では「カウンセリング」「心理学」「特別支援教育」の理論による整理を試みました。これらの理論をアメリカの牧師であるW・ボウエンの「鶏の卵は孵化するのに21日かかる」にちなみ、「21の言葉」にまとめました。

この「21の言葉」は、家庭生活の場面はもちろん、職場等におけるさまざまな関係づくりの場においても、皆さんの背中をきっと押すことができると信じています。「21の言葉」には「これはなじむ」というものがきっとあります。どうぞ、それらの言葉を実践し、身につけてください。「21の言葉」を繰り返して使ううちに少しずつ自信が生まれてきます。その自信をもって子どもに言葉をかけ続ける皆さんならば、きっと子育て名人になれます。私も皆さんに負けぬ名人を目指して、これからもさまざまな理論を学び続けていきます。

私たちは親として、これからも一緒に頑張っていきましょう！

生活面が

気になる…

1

正しいことを言うときは少しひかえめに言う

1 生活面が気になる…
正しいことを言うときは少しひかえめに言う

祝婚歌？
〝正しいことを言うときは少しひかえめにするほうがいい〟…？
祝婚歌
そう、いくら正しいことを言うときでも、間違いを指摘された側は多少なりとも傷つくだろうし、
気持ちが萎縮してしまうのよっ。
うんっうんっ
正しいことを言うときって、威圧的になってしまったりついつい言い方や態度が厳しくなったりするのよねぇ〜。
ガーンっ
たしかに、上から目線でいくら正しいことを言われても、素直に心に留めることができなかったり反論したくなったりしちゃうかも…。
祝婚歌ではさらに「正しいことを言うときは相手を傷つけやすいものだと気づいているほうがいい」って続くのよ。
そうなのよっ!!
〝相手を傷つけやすいものだ…〟か。
私は正しいと思って、それに気づいてほしかったから強く子どもに言っていたけれど、
それではダメなのかもしれないわ… ないわ… ないわ… ない…
どぶぁ〜っ

今度からこの言葉を心に留めて子どもに接することができれば、きっと子どもにも気持ちが届くわよ！

うるうる
そうね、さっそく心がけてみるわ！

数日後…

ただいまーっ
おかえり、エミ。今日は遅かったじゃない。心配したわよ、何かあったの？

えっ？

やばっ
あ、うん…

早く帰ろうと思っていたんだけど、気がついたら6時で…、あわてて片づけて帰ってきたんだけど…。

まぁ、しょうがないわね。次からは、もう少し早く帰ってこられるように、時間に気をつけてみようね。

はぁ〜い。

あれ、
今日は怒らないぞ…でも、なんか心配してるみたいだし、今度からはちゃんと門限守らなくちゃ…

反省してますぅ〜

お母さん、心配かけてごめんね…。

子どもを正しく叱るとは？

ゲームをする時間の制約や帰宅時間といった約束事は、小中学生のいる多くの家庭で決められていることでしょう。しかしながら、エミちゃんのように、学年が上がるにつれ親子間の決まり事や約束は次第にルーズになり、守られないことが増えてくるという家庭も多くあるのではないでしょうか。

「約束を破った子どもを叱る」。これは子どもを育てる親としてすべきことであり、正しいことでもあります。

ただ、そうであっても、叱ることが子どもを萎縮させたり、問題行動につながったり…、ということになってしまっては困ります。そうならないよう、親としては叱り方の工夫が必要になります。

子どもは何かに夢中になると時間や約束を忘れがちです。

エミちゃんも夕闇が迫り大慌てで帰宅。帰るやいなや、母親から強く叱られてしまいました。エミちゃんには、「遅くなった理由を聞いてほしかった」「暗くなりかけた道はとっても怖かった」等の思いがあったかもしれません。母親の顔を見て安堵し、その懐に飛び込みたかったのに、いきなり叱られてしまったのだとしたら、エミちゃんは自分の思いのもって行き場がなくなってしまいます。

「約束を破るのはよくないこと」という「正論」だけをかざし、子どもを感情的に叱りつけても、子どもの行動がよりよいものに変わることはありません。

親子の溝をつくらない叱り方の工夫として、〝柔らかく、さわやかな自己主張〟の仕方である「アサーション」を身につけたいものです。

アサーションの実践！

「アサーション（assertion）」を辞書で引くと、「主張、断言」と出てきます。しかし、カウンセリングにおけるアサーションの定義はもっと幅広い意味を含み、「自分の気持ち、考え、意見、希望などを率直に正直に、しかも適切な方法で自己表現することであり、自分と相手の相互を尊重しようという精神で行うコミュニケーション」とまとめられます。※

アサーションの実践とは、攻撃的にも受け身的にもならずに自分の思いを伝えることです。子どもとは対等な目線で親の気持ちを率直に表現することで、良い親子関係が築かれます。親は子どもに向きあい、帰りが遅くなってしまった子どもには、しっかり視線を合わせ、「遅い帰宅に救急車の音が重なりとても心配したこと」「なぜ帰宅時間に遅れるといけないのか」等、〝柔らかく、さわやかな自己主張〟をすればよいでしょう。その上で、ぎゅっと抱きしめるならば、子どもの心もまた柔らかくほぐれるのではないでしょうか。

アサーションの実践で、「お互いを大切にし合う」家族関係を築きあげたいものです。

アサーションの極意

アサーションの極意は、吉野弘の詩「祝婚歌」※に「正しいことを言うときは少しひかえめにするほうがいい　正しいことを言うときは相手を傷つけやすいものだと気づいているほうがいい」と詠《うた》われていることそのものです。

「正論」は相手を傷つけやすいということ、そして、それを伝える際は「少しひかえめにするとよい」ということを学んだ出来事がありました。

それは、大学での講義「教育実習に向けた模擬授業」の時のことです。教師役の学生が授業をしているのに、他の事をしていた生徒役の女子学生に「きちんと生徒役をやりなさい」と、私が注意。すると、彼女は私をにらみながら「やってます」と返答。その数分後、突然席を立って退室し、事務室で担当職員に対し「きちんとやっているのに叱られた」と、泣きながら私の非を訴えたそうです。教師の立場からすると彼女への注意は「正論」。しかし、彼女からすると「やっていたのに叱られ、みんなの前で恥をかかされた」と思い、悔しかったのかもしれません。確かに彼女の行為を見誤った可能性もあります。そうしたことを考慮すると、彼女の傍に行き、机をトントンと指でたたき、「生徒役は？」と声をかけるなど、叱り方を工夫すればよかったと今、振り返っています。

「正しいことを言うときは少しひかえめにするほうがいい」

あの時の彼女の様子とともに私の心に刻まれた言葉です。

2

うまくやれているときを見逃さない

話し言葉が乱暴な、ユウト

うるせーなババア。宿題なんて、やってらんねーよ！
が〜〜んっ
ババアって何よ！
キィーーッ
ちょっと、今なんて言ったの？もう一度言ってみなさい！
ぷぃーーっ
さっき、お母さんって呼んだのに相手にしてくれなかったのは、お母さんのほうじゃん…。
どうしていつも、あんなに乱暴な言い方をするのかしら。注意すればするほどひどくなってる気がするわ…。
明日は小学校の遠足の日。
ーパーマーケット
トコトコトコ…
うっひゃーー！
お菓子だ！お菓子だ！
キャッキャッ
わっ！
キャッキャッ
キャッキャッ
ドンッ！
コロコロ…

あ、ごめんなさい。大丈夫ですか？ツバサ、謝りな。

あいたたた、びっくりした。

ごめんなさいっ。

大丈夫だよ。ちゃんと謝ってくれたものね。でも、お店ではあんまり騒いじゃいけないよ。

ほっ。

はい、ごめんなさい。

もうしません。

はっ
あの…。大丈夫でしたか？子どもたちがご迷惑をおかけして…。

ごめんなさいっ。

大丈夫だよ。二人ともちゃんと謝ってくれたし、騒いじゃいけないとわかってくれたものね。しっかりしているお兄ちゃんだね。

パッ!

ユウトは、ツバサにちゃんと謝らせてくれたし、外ではきちんとした言葉遣いができてるのね…。二人とも、ホントいい子で安心だわ!

ふぅ〜

わっ!ツバサお前、チョコばっかりじゃんっ
へっへっへっへっ
はっ…

ただいまー!

お母さん、オレね、漢字テストで100点取ったよ。

えっへんどーよ
そういえば昨日、ユウトを叱りつけてしまったけど…。

ユウト、昨日、お母さんって呼んでくれていた気がする。ちゃんと丁寧に話していることもあるのね…。

あの時、ちゃんと聞き逃さずに褒めてあげたほうがよかったなぁ。これからは私ももっとユウトのいいとこ、見逃さないぞ…。

ちょっと反省…。

子どもはいつも「問題」を起こしているのか？

子どもの気になる言動に触れ、その「問題」を心中穏やかに見守ることができる親はそれほど多くないでしょう。例えば、親に向かって「うるせぇ」などの暴言を吐く子どもには、「何だと。もう一回言ってみろ」などと、強い言葉で注意・叱責してしまうことが多いのではないでしょうか。

いつも叱られていると感じる子どもは、心の中で「お父さんも、お母さんもちょっとふざけるだけでものすごく叱る。でも、ふざけると、みんなが大喜びするんだよね。みんなで笑いあうって楽しいのにさ！ そりゃあ、良いことをするときだってあるのに。そんなときはお母さんたちは知らんぷり…、褒めてもくれないじゃないか」と、つぶやいているかもしれません。

子どものそうしたつぶやきに応えるため、「うまくやれているときを見逃さないアンテナ」の精度を高めておきましょう。

子どもの行動を注意して見ていると、案外きちんとできていることも多いものです。きょうだいが困っているときに手助けしたこと、帰宅するとさりげなく履物を揃えていたこと、食事の準備を手伝ってくれたこと、食後に食器を流しまで運んでくれたこと、言われるより先に宿題にとりかかったことなど、日常生活で当たり前と見過ごしていたことに対して「あら、ちゃんとできているじゃない」と、うまくできていることを認める練習も、親には必要ではないでしょうか。

例外探しの実践！

親が実践することで、親子のより良いかかわりを生む「ワザ」がいろいろあります。その一つに「例外探し」があります。

これはブリーフ・セラピー※（短期療法）にあるワザの一つで、**問題と感じていることとの「例外」を探すものです。「例外」とは「うまくやれていること、すでにできていること」を意味します。**

例えば、「暴言を吐く」という問題の例外は「丁寧に言う」。「落ち着いて物事に取り組まない」という問題の例外は「集中して物事に取り組む」ということ。

このような例外を見つけたら、次は「いつ、その例外が生まれたか」について考えてみます。例えば、普段は暴言の多い子が丁寧な言い方をするのはどんなときなのか、と考えてみると、「あっ、私がまっすぐに向きあって話をするときは『お母さん、あのね、ボク…』と丁寧に言うなぁ」などが挙がるでしょう。

こうした例外に遭遇したら、すかさず実践です。「今の言い方、お母さん、嬉しいなぁ」と声をかけましょう。例外が生じたとき、うまくいったときのことを、親がきちんと評価することで、そうした良い状態が起こりやすくなります。

褒められた子どもも親の喜ぶことをしたいと思うでしょう。こうした循環がより良い親子関係を築いていくことになります。

まずは、例外を見つけるアンテナを立てましょう。アンテナの精度を高めることで可能となる「例外探し」の実践は、お母さんにも子どもにも笑顔を届けてくれる素敵なアプローチです。

2本のアンテナを立てよう

親は「乱暴な言葉遣いをしない子ども」に育てたいと思ったなら、子どもが暴言を吐いたときを見逃してはいけません。例えば「優しく言ってね」「嫌だわ」等の声をかけます。

一方で、例外も見逃してはいけません。弟に優しい物言いで教えている姿に「あら、お兄ちゃんの言い方優しいわね、優しく教えてくれているのねぇ」と声をかけましょう。例外を見逃さずに声をかけ、評価することは大事です。褒められれば子どもは「きちんとやろう」という気持ちが少しずつ湧いてくるようになります。

親は「うまくやれていないこと」と「うまくやれていること」に反応する2本のアンテナを立てる必要があります。２本のアンテナを立てることで、「うまくやれていること」は定着し、親と子の良好な関係が築かれます。

親はどちらかというと「うまくやれていないこと」に反応するアンテナの精度が高く、「うまくやれていること」に反応するアンテナの精度は低いのではないでしょうか？「うまくやれていること」すなわち「例外」は日々の生活にも多く隠れていそうです。

3

ほころびは小さいうちに修繕する

生活に乱れが出てきた、ツバサ

LIVE! ゴミ屋敷実況!!

あらあら、またゴミ屋敷のことやってるわ…。

いや〜〜。

遠い目…

最初は掃除もしてたんです。週に2回くらい。だけど、週に1回でも平気になって…。そしたら月に1回、半年に1回でも平気だなって思って…。

もうお手上げだよ〜

ゴミ捨ても、だんだん捨てに行くのが面倒になって…。

…。

最初はちゃんときれいだったんだよ！でもちょっとさぼったらできなくなっちゃって…。

LIVE! ゴミ屋敷実況!!

これはまさに建物の窓が一つ割られて修理されないまま放置されると、誰も注意を払わなくなり、そのうち残りの窓もすべて割られてしまう、〝割れ窓理論〟ですね。

〝割れ窓理論〟!? これ、小さなことを正さなかったらツバサの生活も全部ダメになっちゃうってこと？

…ってこと？ …ってこと？ …ってこと？

が〜〜〜んっ
だからこそ、割れた窓は、すぐに1枚ずつ直さないといけませんね。

LIVE! ゴミ屋敷実況!!

ぐっ
ファイト！

そうね、一つずつ、今のうちにやらないと！

翌日…。
ポイッ
ポイッ
バタバタ
タッタッタッ
おかえり！
た、ただいま…。
えっ
なになに
後ろ見なさい。ちょっとおかしいところあるんじゃない？
こくりっ
あっ、
靴がバラバラ…。
くるりっ
そうだよね。あと一つ気づかない？
…ランドセル、放りっぱなしだ…。
くるっ
その通り！
ぐっ
夕食の時間…。
あ〜〜ん
うんうんうん
ちょっと、これ、お行儀悪くな〜い？
あ、そっか。
へへっ
ささっ

注意するのは
面倒だけど、
一つひとつ
小さなことを
おざなりにせず、
直していかない
とね…。
ふぅ〜
さらに
翌日…。
ポイッ
ポイッ
ポイッ
バタバタバタ
んっ？
ササッ
くるりっ
ただいまー!!
おかえり！
ぐっ〜
え〜っと、
あと、ランドセルも
片づけなきゃねっ…。
てへぺろっ

割れ窓理論（ブロークン・ウィンドウズ理論）

「割れ窓理論」[※]は、「建物の一つの窓が割られ、修理されないまま放置されれば、誰も注意を払っていないことの象徴となり、やがて残りの窓も間もなく全て割られてしまう」という考えです。

「割れた窓を見た人はこの場所が防犯に配慮していないと感じ、軽い罪を犯しても大丈夫だろうと考える。そうした小さな犯罪が増えるとやがて重大な犯罪も多発する」ということです。１９９０年代のニューヨークではこの理論をもとに、小さな犯罪を放置しない取り組みとして地下鉄の車両の落書き消しを始め、重大犯罪75％減少という成果を挙げました。

「ランドセル投げ」は「一つの割れた窓」であり、それほど気にならないかもしれません。しかし、それを放置すると他の生活ルールも破られ、やがて「全ての窓が割られる」ような事態を招く可能性があります。そうならないよう、親は心して子育てをしたいものです。

「割れた窓」はすぐに修理を！

子育てにおける「割れた窓」として、家庭におけるルール違反が挙げられます。他人を不愉快にさせる言動や悪質ないたずらなど、親は早期に発見できるようアンテナを張りめぐらせ、**「割れた窓はすぐに修理する」「ほころびは小さいうちに修繕する」ことです。具体策としては、前項で紹介した「2本のアンテナ」による言葉かけが奏功するでしょう。**

子どもたちが小さいうちから、ルールを守る習慣や「おはよう」「おやすみ」「いただきます」「ごちそうさま」等の挨拶やマナーを丁寧に教えていきたいものです。日々小さなことを積み上げていくことで、習慣・挨拶・マナーは子どもの耳・口・体になじみ、生活を支える知恵となります。生活の知恵を授けることが子育てなのです。

思いはいつか伝わる

子どもの頃は親から注意されることをうるさく思っても、大人になり、ましてや親として子育てをするようになると、自分の親に感謝の思いが湧いてきたという人は多いのではないでしょうか。**その時々はうるさがられても、やがて親の思いは伝わります。親は子どもに愛情を注ぎ、習慣・挨拶・マナーを教える言葉をかけましょう。子どものすることに小さな「ほころび」を見つけたならば、早めに言葉をかけて繕いましょう。**子どもは大人になったとき、親からしてもらった繕いを懐かしく、ありがたく思い返すことでしょう。

4

言葉はスリムなほど伝わる

何回言っても聞かない、ユイ

4 生活面が気になる…
言葉はスリムなほど伝わる

ユイは先生の話をしっかり聴けてたね。家では何度言っても動かないのに。

そうだよなぁ。ユイも言い方によっては聴いてくれるんじゃないかなぁ。

そうかしら？

先生の授業の進め方が良かったんじゃないかな、指示の仕方とか…。

確かにそうね。全員が集中して、進められていたわ。

先生の指示はいつも一つのことだけ。しかも時間を区切ってたよなぁ…。

そっか、ごちゃごちゃ言わないほうがいいのね。

!

一回ざわついたときも何度も同じことは言わずに違う言い方や違う指示で注意を引きつけてたよなぁ。

あれはすばらしい!!

10秒で黒板の方へ、ってね。あれは感心したわ。

遠い目。

一つのことだけを短く、繰り返さないってことね…。

4 生活面が気になる…
言葉はスリムなほど伝わる

思春期の子どもの耳は敏感

大人の誰もが経験してきた思春期の時期は、おおよそ「第二次性徴の発現から身長の伸びがだいたい止まったときまで」と考えられます。親や教師の言葉の一つひとつに反発したり、一切無視したりという心の揺れが生じる時期でもあります。

思春期の子どもは、心も体もとても敏感。もちろん耳の感度もよく、大人をはじめ周囲の声を拾いすぎるほどに拾います。**より良い親子関係を築くには、かける言葉にも注意が必要です。**思春期の子どもの耳は、同じことを繰り返し聴かされる「言葉のメタボ（メタボリックシンドローム）」を嫌います。**「言葉はスリムなほど伝わる」ことは、思春期の子どもを前にするとき、親が心に留めおきたいことの一つです。**

一つの指示に一つの動作を乗せる言葉のスリム化

ユイちゃんのように親から何度も同じことを繰り返し言われていると、子どもの耳はふさがれてしまいます。親も「また、同じことを言わなければいけない」とイライラさせられます。これでは悪循環に陥ります。「もう6年生なんだから言わなくていいよね」と言えば、あとは「あれっ、何をすればいいんだっけ？」と言葉をかけるだけでよいのです。親は時には「私の言葉はスリムかな？」と、振り返ってみることも大切です。**スリム化した言葉であれば、親が伝えたいことや指示が子どもの耳に届きやすくなります。一度に多くのことを言わずに「一指示一動作」を心がけるとよいでしょう。**

ユイちゃんの担任の先生のように「グループになって」「は〜い、終了」「黒板を見て」等、一つの指示には一つの動作（やってほしいこと）だけを乗せていくことを大切にします。すると親の言葉は子どもの耳に届きやすくなり、それに合わせて子どもは指示どおりに動くことが増え、褒められる場面も多くなることでしょう。

言葉のスリム化トレーニング

言葉のスリム化に向け、同じことを言う回数を減らしたり内容を簡潔にしたりします。親が思ったことをそのまま口にすると「言葉のメタボ」になる可能性があります。**言葉のスリム化を心がけるには、浮かんだ言葉を一度胸の内で組み立て直すといいでしょう。ひと呼吸置くと感情的にならず、スリムな言葉が発せられるのではないでしょうか。**また、自分の気持ちを日記やブログに短く記すことも、言葉のスリム化の練習になるでしょう。

5

「私」の気持ちを伝える

他事に集中して注意を聞かない、ユウトとオサム

う〜〜
…いつもこの調子。大きい声出して怒っても、聞き流されてる感じ。
うちも同じよ。オサムはちょっとこだわりが強いでしょ？だから…
ねえ、宿題終わったの？
集中しすぎて聞こえてない…。
聞こえてる？
パズルは宿題終わらせてからにしたら？
もはや宿命？
う〜ん。これを終わらせないと宿題はできないんだ。
…そうなの？
…。
はい ゆったりと〜
強く言うともっと言うこときかなくなるし、どうやって注意すればいいのか？
はぁ〜
どこも同じなのね…。
休憩中…。
ふぅ
は〜い
休憩終わり！続きから始めますよー。
パンッパンッ
アロ〜〜ハ〜〜オエ〜〜♪
はいっ!!

手の位置あげてー。そう、ほらキレイ！私嬉しくなっちゃう、キレイに踊れてて。
…そうですか？
赤面っ
うーん、最高！
もっと腕をあげると、ほら、キレイで私もテンションあがる！
まるっ！
なんかてれるな〜
先生は、褒め上手ですね。
くねっ
くねっ
そんなことないわよ。人を動かすためには、指示しても、ダメなのよ。褒めてもうまくいかないこともあるし…。
ふふふっ
だ・か・ら・・・
・・・だから？
自分の気持ちを言うの！『〜してくれると嬉しい！』『〜は困る！』って。
ふんふんっ
わかりやすく目に見えるカタチにして伝えるのも効果的よ。
こうやって…。
まるっ！
なるほどー

ユウトの家…。
だら〜
ピコッ
ねえー、ユウトくん。
んっ？
部屋が片づかないとお母さん、掃除ができなくて困るわぁ。
…そうなの？
下着姿も恥ずかしいなぁ。このあいだ買った服、着てみせてよ。あれかっこいいよね。
ぽつん…
うん！
にやにや
トコトコッ
オサムの家では…。
相変わらずパズルに集中。
オサム〜、パズルの前に先に宿題をしようか？
…うん。
パズルを先にすると宿題の時間がなくなっちゃうよ。
ほらっ、時計を見てごらん！
ダメよ！ダメダメダメ。
う、うん…
ののの…？
だから、パズルは宿題のあとにしようか？
おいといてっ
そうだよね。宿題のあとに遊ぶほうがいいね。
そうよ！
わかってくれて嬉しいなっ。
うるっ

子どもを褒めることと叱ること

子どもを叱ることは難しいものです。叱りたくないけれど仕方なく、「ダメでしょ」「いけません」「やめなさい」などの注意・指示の言葉を発していることが多いのではないでしょうか。子どもを褒めて育てることの大切さは昔からいわれています。しかし、子どもを叱ることもまた、子どもの社会性を育てるため、子どもの将来の幸せのために必要なことです。

子育てには褒めることも叱ることも、どちらも大切なこと。どちらか一方だけでは子育てはうまくいきません。

関係性を破壊する「対決のユーメッセージ」

ユウト君のように元気いっぱいでやんちゃな子どもは、「なにやってんの」「いい加減にしなさい」と、親から叱られることも多いことでしょう。このような大人からの注意や指示、命令はどれもが文脈に「ユー（あなた）」が入るとともに、子どもと対決するイメージであるため、「対決のユーメッセージ」と呼ばれます。

「ユーメッセージ」で注意されると、子どもは反発することがあっても親の思いを理解して行動することは少ないでしょう。そして、この言い方は相手をやっつける話し方になり、相手との関係性を破壊しやすいメッセージともいわれています。

関係性を構築する「対決のアイメッセージ」

子どもとの関係性を壊すことを望む親はいません。では、子どもの気になる行動を目にしたとき、どのような言葉をかければ関係性を壊さず、子どもの行動を良い方向に導くことができるのでしょうか？

ここでは一番のお薦め技法を紹介します。それは、文脈に「アイ（私）」を入れ、子どもの気になる行動に対峙する「対決のアイメッセージ」と呼ばれるものです。ユウト君のお母さんのように、「部屋が片づかないと、（私は／お母さんは）掃除ができなくて困るわぁ」と、子どもの行動で生じたマイナスの影響や感情を伝えます。すると子どもは親の思いに気づき、行動を改めることもあるでしょう。

子どもの気になる行動を目にしたとき、「対決のアイメッセージ」を試してみませんか？

「嫌だなぁ」「困るなぁ」「残念だなぁ」など、親自身のアンハッピーな気持ちを伝えることで、子どもが「あっ、お母さん、嫌なんだ」と気づき、行動が変わることもあるでしょう。**「ユー（あなた）」から「アイ（私）」へと言葉かけを変えていくことで、親子の関係性の糸は少しずつ太いものに紡がれていくことでしょう。**

この「ユーメッセージ」「アイメッセージ」は臨床心理学者T・ゴードンによって提唱された「親業[※]」の技法です。「ありがとう、嬉しい、助かった」などの「肯定のアイメッセージ」も子どもたちの心によく届きます。「アイメッセージは愛メッセージ」と形容されることもあります。私たち大人は、かかわる子どもたちにたっぷりと「愛」を届けたいもの。そして、「アイメッセージ」はそれを可能にする言葉のかけ方の一つです。

万能ではない「アイメッセージ」

関係性を構築しやすい「アイメッセージ」ではありますが、それでも万能ということではありません。オサム君のように、自閉傾向のある子どもには効き目が薄くなります。それは、「アイメッセージ」が察しを求める言葉かけだからです。自閉症スペクトラム障害の診断がある、あるいはその傾向がある子どもは、相手の心の内を察することが苦手

（心の理論障害説）だからです。

オサム君のお母さんのように「パズルを先にすると宿題の時間がなくなっちゃうよ」と言いつつ手で×マークをして見せるなど、視覚にも訴えることで子どもの理解を促します。このようなタイプの子どもの行動を叱るときには、**文字や写真、動作などの視覚情報を活用しながら、具体的に指摘することが必要となります。**

閑話休題

「ちびまる子ちゃん」に観る

「子どもを愛する」ということ

テレビアニメの主人公、まる子ちゃんは個性豊かな女の子。日々、ちょっとした事件を引き起こすまる子ちゃんではありますが、「いい子に育っているなぁ」と観ていて微笑ましくなります。たくさんの人に愛されているからこそ、あのまる子ちゃんの姿があるのだと思います。特に、おじいちゃん（友蔵じいさん）からの愛はたっぷりです。まる子ちゃんのどんな失敗に対しても、おじいちゃんからは「まる子や…」という優しい言葉が必ずかかります。このように大人から愛されて育ったまる子ちゃんは、将来、きっと人を愛することのできる大人になることでしょう。「子どもは大人から愛されれば愛されるほど非行から遠ざかる」。以前、講演会でうかがった水谷修氏（夜回り先生）の言葉がストンと胸に落ちる、まる子ちゃんとおじいちゃんの関係です。

私たち親は、優しい言葉だけで子育てすることはできません。しかし、本書で紹介する「21の言葉」にはたっぷり「愛」が含まれています。子どもを愛していきましょう。

勉強面が

気になる…

6

今、見ている景色を楽しむ

苦手な教科がある、ワカナ

6
勉強面が気になる…
今、見ている景色を楽しむ

もう疲れちゃったのか？まだまだ先は長いぞー！

パパー、頂上まであとどれくらい？

んー…あと、1時間はかかるかな？

えええ〜〜1時間!?

おやおや二人ともどうしたー？もうギブアップか？

見てごらん、ここまで登ってきたんだよ。

わあ！すごい景色。

ほらね、ここにこんな綺麗な花も咲いてるよっ。

頂上にたどり着くことばっかり考えて、周りの景色に気づかなかったわ。

先ばっかり見て、今の景色を見逃すのはもったいないからな。

ほんとそうね。

ハッ！

そういえば…

ワカナのことも、もっとできるようになることばかり思って、今できることを見逃してたのかも…。

6 勉強面が気になる…
今、見ている景色を楽しむ

学童期は「知識生活時代」

心理学者エリク・H・エリクソンは、「学[※]童期の子どもたちは知識生活時代。環境さえ整えば、学びが楽しくて仕方がない段階にある」と述べています。

環境さえ整えば、たとえ1年生であっても集中して学び、それを楽しんでいる様子が見て取れます。「○○の勉強は好きだけど、△△の勉強は苦手」という声は、多くの子どもから聞こえてくるものです。その時、私たち親は、「苦手を克服しないと、この子は将来困ってしまう」と心配になり、苦手の克服に向けた「いらぬ口や手」を出し過ぎているのではないでしょうか。親のかかわり方で最も嫌だったことは「勉強しろと言われたこと」「苦手な勉強をさせられたこと」という声も聞かれます。（186頁参照）

学びの環境さえ整えれば、子どもは学びを始める。親は、その一歩を信じて見守ることです。例えば、子どもがいつでも本を手にできる環境ならば、やがて読書が習慣となり好きなことや得意なことが生まれます。読書の習慣などさまざまなことに興味をもたせるような環境をつくり、やがて生まれてくる「好き・得意」を見守ることで、ワカナちゃんのように「私、勉強が好きだな」と思い始めるのではないでしょうか。

今、眼下に見える景色も決して悪くない

子どもが勉強に苦戦する姿を見ると、そのまま放っておけない親心はよくわかります。他の子どもたちが山の8合目にたどり着いているのに、わが子が5合目だったら「ほら、急いで」と声をかけたくなるでしょう。しかし、今の登山ペースがその子にとって目いっぱいという場合に、いくら声をかけてもペースは上がらず、やがて、子どもは座り込む、親は叱りつける、という悪循環が生まれます。

これから登る上の道ばかり見るのではなく、登ってきた下の道を見る。すると、そこから見える景色も決して悪くないと気づくでしょう。「ここからの景色も綺麗だね」と子どもに声をかけ、その景色を一緒にしばらく楽しんでみてはどうでしょうか。

子育てが思うようにいかないと、親は自分を責めてしまいます。「自分にOKと言えなければ周りにはなおさらOKと言えない」という心理学の知見もあります。**子どもの今をOKとするために、まずは自身の今にOKと言いませんか。**子どもをより良く育てることは万国共通の親の願いです。だからこそ、親は子どもへのさまざまなアプローチを試みているのです。**「頑張っている自分にOKと言う」ことを今日から自分自身の心の中で唱えましょう。**そうすれば、きっと明日からも子育てを頑張ろうという意欲が湧いてきます。

7

There is always another way.
どんなときでも、違うやり方がある

こだわりが強く自閉傾向のある、オサム

7 勉強面が気になる…

There is always another way. どんなときでも、違うやり方がある

遅刻しながらも学校へ…。

本当に、すみませんでした。線路の脇でずっと電車を見ていたようです。

オサムくんおはよう。

ペコリ…

よかったよかった。事故にあったんじゃないかと心配したよ。

ごめんなさい。

オサム君、気をつけてくれよな。

さっ授業に戻って
はいっ。

先生、最近鉄道に夢中すぎて生活も勉強もそっちのけなんです。注意しても直らないし。いっそ鉄道グッズを全部捨ててしまったほうがいいんでしょうか？

お母さんもご苦労されてますね。でもそんなに一つの事に集中できるって…

すごい才能ですよっ。

はぁ、でも…。

たとえば、
生活も勉強も鉄道にからめて教えてあげたらどうでしょう。

んっ
鉄道にからめて…？

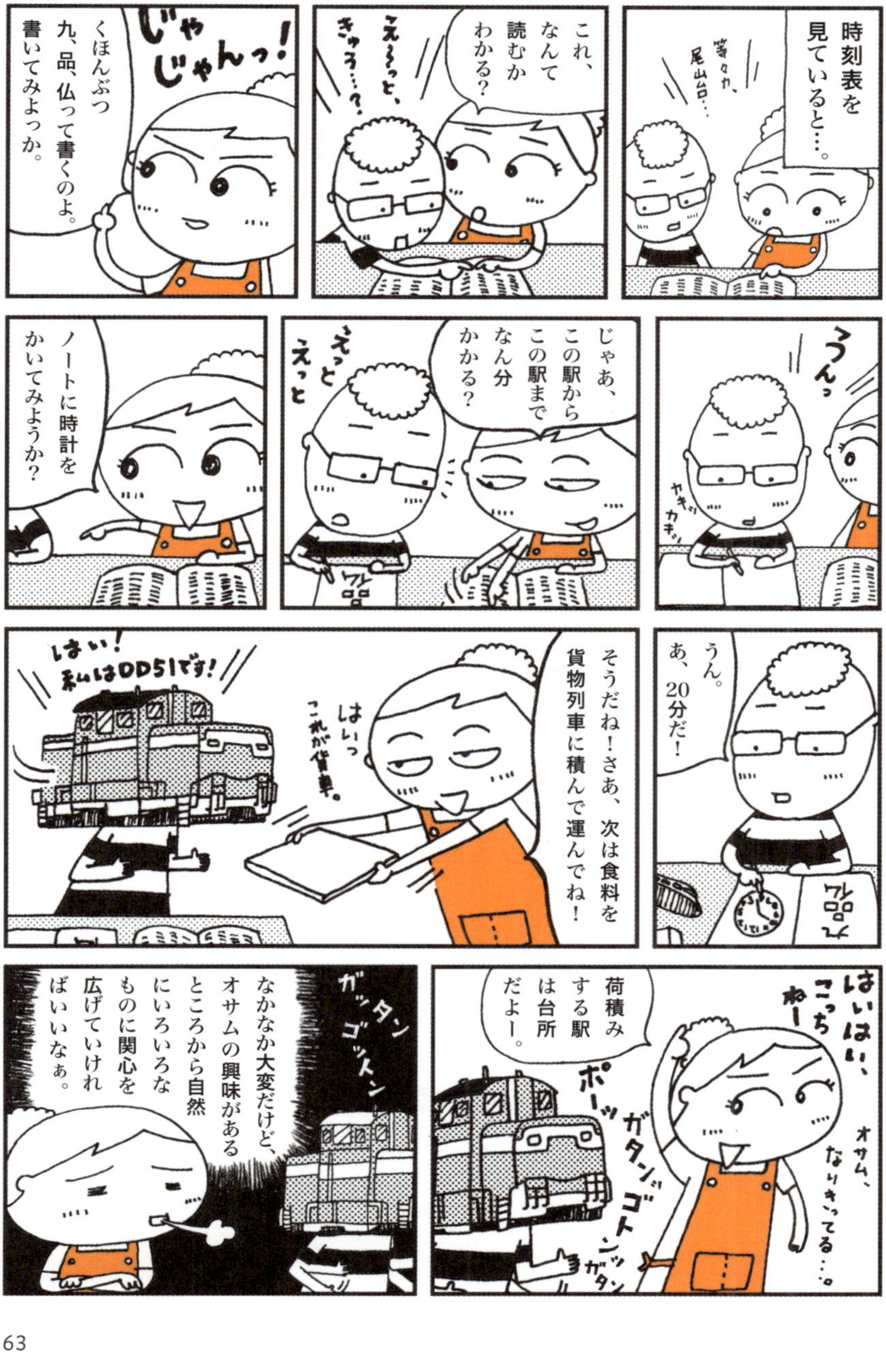
時刻表を見ていると…。
等々力、尾山台…
これ、なんて読むかわかる？
えぇ〜っと、きゅう…？
じゃじゃんっ！
くほんぶつ 九、品、仏って書くのよ。書いてみよっか。
うんっ
カキッ カキッ
じゃあ、この駅からこの駅までなん分かかる？
えっと えっと
ノートに時計をかいてみようか？
うん。あ、20分だ！
そうだね！さあ、次は食料を貨物列車に積んで運んでね！
はいっ これが貨車。
はい！私はDD51です！
荷積みする駅は台所だよー。
はいはい、こっちねー
ポーッ
ガタンゴトンッ
ガタン
オサム、なりきってる…。
ガッタン ゴットン
なかなか大変だけど、オサムの興味があるところから自然にいろいろなものに関心を広げていければいいなぁ。

異なる文化に生きている子どもたち

自閉症スペクトラム障害（Autism Spectrum Disorder ＝ ASD）の子どもの多くは、コミュニケーション能力の面で困難さを抱えているために、人とのかかわりが苦手です。また、触覚・聴覚等の感覚過敏性、字義性（「バカみたい」と軽く笑われたことを「バカと言われた」と言葉をそのまま受け止め、腹を立てたり落ち込んだりする）、こだわり（想像力の乏しさゆえに一つの物事に固執する）などの特性もあるため、人とのかかわりがより難しくなってしまうこともあります。

あるＡＳＤの人が「抱っこをされると海に引きずり込まれるようで怖かった」「人の顔がマネキン人形のように見えた（表情が読み取りにくい）」と、自伝に述べています。

ＡＳＤの診断のある子どもや診断はなくてもオサム君のようにその傾向がある子どもを理解するには、「彼らは私たちとは異なる文化で生きている」と考えるとよいでしょう。

そのような理解が、「おかしな子」「変わった子」などの偏見を少しずつなくすことにつながっていきます。

価値観の多様性を受け入れる

ＡＳＤ支援のスペシャリスト服巻《はらまき》智子氏は**「価値観の多様性を受け入れる」※ことの重要性を指摘しています。**

オサム君が鉄道に強い興味と関心を示すように、特定の物事にのみ傾倒し、勉強を含む他のことに気持ちがなかなか乗りにくい子どもはいます。「鉄道大好き」のオサム君の鉄道に関する知識は大人顔負け。その意欲・集中力はすばらしいのひと言です。好きなことには意欲的に取り組むオサム君ですが、学校の勉強には興が乗りません。その意欲・集中力を学習に転用するには、彼の得意なことをからませる「得意活用法」を使うことで興味を引き出せるかもしれません。「この時間は国語の勉強だよ。鉄道のことを思い出しながら漢字を勉強しよう」と伝え、「羽越本線の『羽』は『う』と読むけれど『はね』とも読めるのよ」というような進め方をしてみてはいかがでしょうか。

親は、自分とは異なる子どもの価値観を受け入れることを、難しいと感じることがあります。しかし、**子どもの「これが大好き」「これが得意」という価値観を受け入れ、それらを活用する姿勢をもち続けるなら、日々のかかわりの中に親子の笑顔がきっと増えてきます。**

プロフェッショナルな親をめざして、親の価値観を広げよう

「勉強への関心が薄い子どもをどのように勉強に向かわせるのか」。この答えを今すぐにでも知りたい親は多いことでしょう。先に述べた「得意活用法」は良い方法ですが、どの子にも適用できる万能なものではありません。

あるＡＳＤの子どもが母親に、「ボクはクラスの友達と違ってベルトコンベヤーに乗ってつくられる製品とは違う。ボクを創ってくれる『匠』を探して」と言ったそうです。親は、子どもにとっての匠になる筆頭候補者ではないでしょうか。**プロの親、匠をめざしたいものです。**

プロの親、匠をめざす一つの方法として、「価値観を広げる」ということが大切です。母親や父親、祖父母として、子どもにあてている、それぞれの「物差し」（子どもに対する評価基準）があります。

例えば、母親の物差しでは「わがまま・こだわりが強い」と測っても、父親のそれは「頑張り屋、我慢強い」と測り、祖父母は「人懐っこい、集中力がある」と測るように、それぞれ異なる「物差し」をあてているということです。

このように、それぞれがもつ「物差し」を、自分の「物差し」に足していくとよいでしょう。そうすることで、子どものさまざまな思考・行動・感情を、以前よりも測る（新たな視点で見てとる）ことができるようになります。

服巻氏は、ＡＳＤ支援のプロフェッショナルの条件として「There is always another way.：どんなときでも違う方法、違うやり方があると捉えられること」と述べています。長くなった「物差し」を手にすれば、きっと私たち親は、子ども支援に向けたさまざまな「another way」を見いだすことができます。

お互い、プロフェッショナルをめざしていきましょう。

8

考え方次第で悩みは消える

要領が悪く勉強の進みが遅い、エミ

ちょっと、エミ〜、まだこれだけしかできてないの？こんな時間かけて、1問だけ？
えっ
あっ
ごめんなさい…
もぉ〜っ、
エミはいつもどうしてこんなに遅いの？
ズーーーン

ただいま〜っ。

おかえりなさい。はい、ビール。

おっありがと
あのね、パパ！

今日、エミは1時間かけて宿題していたのにたった1問しかできてなかったの。どうしてあんなに要領が悪いのかしら？

1時間も頑張ったなんてすごいじゃないか。
ぐびっ
でも、結局全部終わらせられなかったのよ
「まだこれだけしかできてない」とか「結局全部できなかった」とかじゃなく、「1時間も集中できた」とか「自分だけでこれだけ解けた」と考えてみたら？
すごくなーい？
1問を1時間かけて考え抜いたって、すごいことじゃないかな。
トクトクトクトク
確かに、そうかも。
考え方次第で欠点が長所に変わるのね。

翌日…。

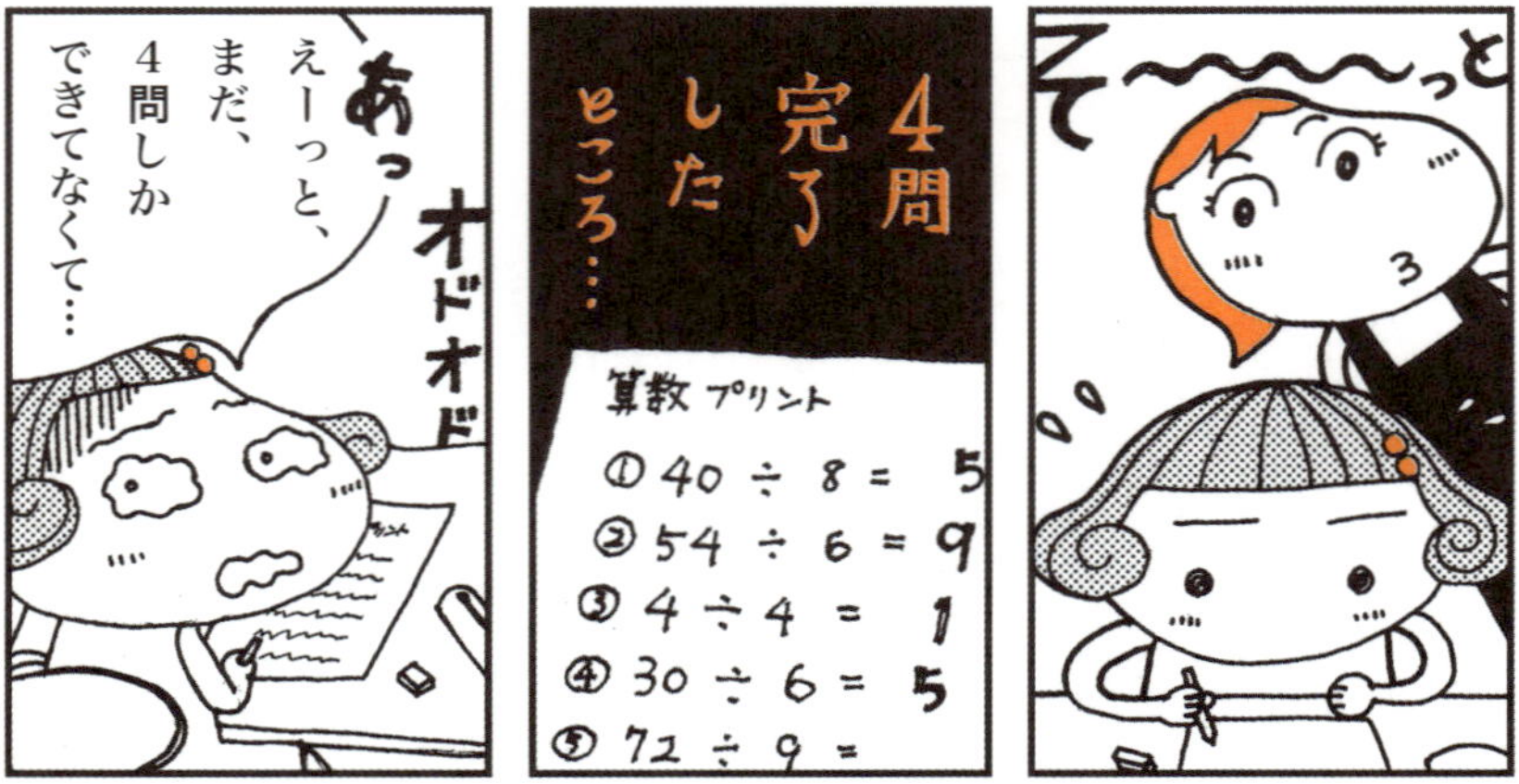
そ〜〜〜っと
4問完了したところ…
算数プリント
①40÷8＝5
②54÷6＝9
③4÷4＝1
④30÷6＝5
⑤72÷9＝
あっ
えーっと、まだ、4問しかできてなくて…
オドオド

えらいっ!!
ぐっ
えっ?
一人で1時間も集中して、4問も解けたんだね。頑張ったね。
お母さん、褒めてくれるんだ。私、自分一人で集中して頑張れたんだ。
きらっ
きら
うんっ 明日はもっと頑張れそう!
頑張ってよかった!!

悩みをつくりだしているのは自分

マンガに出てくるエミちゃんのように、頑張っていても要領が悪く、時間をかけても宿題が終わらない子どももはいます。宿題5問中、時間をかけて1問を終えたという事実を前に、親はどんな言葉をかけるでしょうか？

「まだ1問しか終わってないの！」と言われたエミちゃんタイプの子どもがどんな気持ちになるか、考えたことがありますか？　頑張っているにもかかわらず「まだ〜しか…」と言われた子どもは、「私はやっぱりダメな子だ」とますます自信を失ってしまうでしょう。親の方は、「まだ〜しか…」と受け止めていると、ため息が出たり、イライラ感が募ったりして、子育ての悩みは深まります。

反対に、**「1時間よく頑張っているね！」という言葉は、子どもの「できている自分」に少しずつ自信をもたせます。**親はため息をついたり、イライラしたりすることも減り、悩み自体が生まれにくくなるでしょう。「1時間もあれば宿題5問はできて当然。きちんと終えなくちゃいけない」という認識ではなく、**「5問できるならばそれにこしたことはない。1時間一生懸命頑張ってもやりきれないこともある」と、大らかに受け止めているほうが気持ちに余裕も生まれるでしょう。**

その余裕をもって日頃の子どもを見る姿勢を振り返ってみることも大切です。

子育ての幸か不幸かは、自分が決めている

誰もが幸せな人生を送りたいと願っています。世の中には誰もがうらやむような生活をしているにもかかわらず、それほど幸せを感じていない人がいます。逆に、さまざまな事情による苦しい生活を強いられているにもかかわらず、明るく、元気で、周りの人たちも幸せな気持ちにしてくれる人がいます。幸せを感じるかどうかは、物質的な豊かさ以上に受け止め方・考え方によるということが、こうしたことからもわかるでしょう。

人は、一つのことに対して二極の受け止め方ができるのです。心のもちようで、幸せにも不幸にも感じることができます。

子育てで「～べき」「～でなければならない」「～だ」という思いが強くなると、それができないと自分や子どもを責め、悩みは深まります。一方、「～できるにこしたことはない」として大きく構えることで、親は子育てに幸せを感じることができるでしょう。

幸か不幸かは自分の心一つ、考え方一つで決まるといえるのではないでしょうか？

「ポジティブ親」になる！

こんな相談を受けたことがあります。愚痴や小言が多いため、近所の主婦の多数から苦手とされているAさんがいて、そのAさんとのかかわり方で深刻に悩んでいる人がいます。一方でAさんを苦手としながらも、表情も明るく特段悩んでいない人もいます。Aさんが苦手という共通の事実がありながら、悩む人がいたり悩まない人がいたりという二極に分かれるのはなぜでしょうか？

カウンセリングの一つの理論としてA・エリスが創始した「論理療法」によると、受け止め方が二極に分かれるのは「事実の受け止め方・考え方」の違いによると捉えられます。

例えば、この相談例であれば、Aさんとのかかわり方に悩む人は「Aさんは周りに愚痴や小言を言うべきではない。それを聞かされる私たちはたまったものではない」という思いがあるのかもしれません。一方、Aさんとのかかわり方にそれほど悩んでいない人は、「Aさんは家庭の中で愚痴や小言を言える人がいないのだろうな。きっと、私たちにはそれが言いやすいのだろうな」などと大らかに構えているのでしょう。

つまりは、**「考え方次第で悩みは消えたり、軽くなったりする」**ということを学ぶことができます。

私のカウンセリングの師である國分康孝先生（東京成徳大学名誉教授）の著書の一つに『ポジティブ教師の自己管理術』があり、豊富な事例とともに、※論理療法のエッセンスがとてもわかりやすく解説されています。私は、若い頃、小さなことにも悩みを抱える教師でしたが、先生の著書に何度救われたかわかりません。読み進めるうちに先生との対話が始まり、カウンセリングを受けているような気持ちにすらなりました。

親が笑顔で子どもの前に立ち、幸せな子育てをするために、そしてポジティブな親としての自己管理をするためにもお薦めの一冊です。

閑話休題

「サザエさん」に観る

「叱ること・褒めること」の役割分担

テレビアニメ「サザエさん」の親子関係を観ていると、「なるほど～」とうなずける場面が多くあります。いつも叱られキャラはカツオ君。お父さん（波平）にカミナリを落とされることもしばしば。叱られることに慣れているカツオ君ではありますが、それでもカミナリに打たれ続けていれば、心にダメージが蓄積されていきます。そのダメージを和らげているのは、穏やかなお母さん（フネ）の存在なのだろうなぁと思います。子どもを「叱ること・褒めること」の役割分担が夫婦間で見事になされているからこそ、「いい子だなぁ」と感じられるカツオ君が育っているのでしょう。また、「叱ること・褒めること」の役割分担は、夫婦間のみならず、お父さん自身の中で7：3くらいの割合でなされています。カツオ君が「厳しいけれど優しい」と感じるお父さんだからこそ、父と子の関係の糸が結ばれ子育てがうまくいくのです。私たちは親として、叱ることと褒めることを意識した子育てをしたいものです。

私（親）とのかかわりが

気になる…

9

「沈黙」の中にも言葉がある

マイペースで心の動きが見えない、ワカナ

9 私（親）とのかかわりが気になる…
「沈黙」の中にも言葉がある

楽しかった？しんどかった？

お友達はどうだった？

え〜〜と どうだったかなぁ
なぁ、ワカナはいつもニコニコしてるだけで、ちゃんと答えないんだけど、大丈夫なのかな？

そうなのよね。はっきりモノを言わないから私も心配で。

ふれあい牧場
着いたぞー。

キキッ
あ、馬だ！

よしよしっ
いい子だねー。

ヒヒ〜〜ン
お姉ちゃんは、動物が好きなのね。

うんっ。

馬の気持ちがわかるんだね！

うん…。馬も私の気持ちをわかってくれるみたい。目とか動きを見ると気持ちが通じ合った気がする。

あらあら、もうあんなに仲良くなって…。ああ、あの子は、自分のペースで会話してるのね。

そうだな、コミュニケーションって言葉だけじゃないんだな。

ごちそうさまっ!
せっかくだからソフトクリームも食べる?
おいしいよ!
ソフトクリーム
250円
うーん…
どうしようかな?
ソフトクリーム
250円
食べるの?食べないの?どうするん…。
カタンッ
しぃ〜〜
おっと
じぃ〜〜
てくてく
ぺろりんこっ
うんっ!
美味しそうだし、まだ食べられそうだから、食べよっかな。
ふんふん〜♪♪
そっかーっ
なるほどなるほどっ
ちゃんと表情を見れば、言葉がすぐ出なくてもわかるもんだなぁ。
言葉だって聴くほうが辛抱強く待ってあげれば出てくるもんね。

9 私（親）とのかかわりが気になる…

「沈黙」の中にも言葉がある

沈黙は自分自身との対話

ワカナちゃんのように、口数の少ないおとなしいタイプの子もいます。大人は、子どもがはっきりものを言わなかったり、言いよどんでいたりすると、「はっきり言いなさい」「さっさと言いなさい」など、子どもを急がすような言葉をつい投げかけてしまいがちです。そのような言葉をかけると、むしろ子どもの口は重たくなってしまいます。もともと性格的におっとりタイプという子どももいるでしょうし、物事をゆっくり、じっくり考えるタイプという子どももいるでしょう。

親が投げかける言葉を受け、子どもがその場で沈黙したら「この子は今、自分の中で対話をしているのだな」と捉えてみてはどうでしょう。「お母さんは、ああ言っているけど、私はどうなのかな？　ちょっと違うような気がする」「お父さんの考え方…うーん。少しだけ賛成できるかな」など、**親から投げかけられた言葉を咀嚼《そしゃく》し、「どうなの？　私の考えは？」と自分自身と対話している時間が沈黙なのだろうと思います。親は、そうした子どもに寄り添い、沈黙の時間を楽しんでみる、そんな心の余裕をもちたいものです。**

言葉が邪魔なときもある

私は教育センターで相談業務を担当したことがあり、小学校低学年の場面緘黙症《かんもく》（家などでは普通に話すことができるのに、学校や教室など「特定の状況」では話すことができない状態）の男の子とかかわったことがあります。

私が「〇〇君、外に行こうか？」「砂場で遊ぶ？」と問いかけると、彼は私の後ろについて一緒に外に行き、静かに砂場で山を作ったり、池を作って水を溜めたりして遊ぶのです。場面緘黙症の彼は家庭以外の場所で言葉を発することがないのですが、言葉はなくても私との間にコミュニケーションは成り立っていました。

笑顔になったり、驚いたような表情になったり、飽きて欠伸《あくび》をしたりといった表情から、「働きかけはこれでいいんだな」「ちょっとかかわり方を変えてみるか」などのかかわり方のヒントが得られました。

言葉が普通にコミュニケーションの道具として使われ、それがなければ不自由ではないかと思われがちですが、かかわる子どもの状況によっては、かける言葉が邪魔になるということもあるのです。

傾聴における沈黙

「聴」は、耳＋目＋心＝聴。

傾聴とは、単に耳で聞くだけではなく、目と心も相手に合わせて聴くこと、つまり相手の心を理解しようとすることです。

悩みごとを相談されたときは、安易に助言をするのではなく「なるほど」「そうなんだね」「うんうん」などと、うなずきながら相手の話をしっかり聴くことが大切です。

悩みを抱える人が話した言葉が聴き手にしっかり受け止められると、悩める人自身は考えをめぐらせ、自己対話が始まります。自己対話が始まると、自らが解決への答えを見いだそうとして沈黙が生まれるのです。

ワカナちゃんにもこうした自己対話による沈黙が生まれていると見ることができます。

親は、口数の少ない子どもを前に、耳だけではなく目も心も合わせて話を聴きたいものです。さらに笑顔を向けてうなずきを交えて聴くことで、子どもが話しやすくなる効果が生まれます。親は、こうした聴く姿勢ができるように努めましょう。

口は一つに耳は二つ

会話の中で相手の言葉が少なくなったとき、沈黙が耐えられないと立て板に水のごとくしゃべり続ける場面が生ずることがあります。ここで自分の立ち位置をちょっと振り返ってみる、周囲を見渡してみる、つまり「聴」の文字を心に浮かべてみてください。

人の体に『口は一つに耳は二つ』（古代ギリシャの哲学者、エピクテトスの言葉）です。話すことの二倍を聴くこと、話すことより聴くことの大切さを、親として心に留めおきたいものです。

子どもに沈黙が生まれても、親は言葉を促さなくて大丈夫です。また、子どもの沈黙をよいことに、親がしゃべり続けてはいけません。相手の沈黙を理解して、聴くことの大切さを思い起こしてみませんか。

10

「型」の中に見いだす違いが「個性」になる

元気いっぱいでやんちゃな、ツバサ

「型」の中に見いだす違いが「個性」になる

はーい みんな集まって
空手は〝型〟を覚えてそれを磨くことで、どんどん心も体も強い人間になれるんだ。何事もまずは〝型〟を身につけることが大切なんだよ。
わいわい
がやがや
まずは挨拶の〝型〟からだね。
みんなっ!!
おはようございます!
ぐいっ
おはよーございますっ!
うんっ うんっ
マサくんは明るくてよかった。ケンくんは落ち着いた挨拶だったし、ヨシくんはおじぎがきれいだった。そして、ツバサくんは一番元気な挨拶だったよ!
きらきら
ほほ〜〜う
そうか、ツバサの型にはまらない元気さ、明るさは〝個性〟だと思ってたけど、それはただのわがままだったんだ…。ちゃんとした〝型〟があるからこそ個性が際立つんだね。
なるほどね〜
そうね〜
個性を育むためにも〝型〟を教えることは大事なのね。
翌日の朝…。
ふあ〜
ねむい…。
ツバサくん、おはようございます!
ペコリッ

10 私（親）とのかかわりが気になる…
「型」の中に見いだす違いが「個性」になる

「個性」という言葉の魅力に惹かれすぎていないか

「あの人は個性がある」「個性的に生きる」等々、「個性」という言葉はとても魅力的に響くことがあります。そうした言葉の魅力に惹かれて、子どもの言動のあらゆることを個性と捉えて肯定的に考えてしまっていませんか。

ツバサ君のように電車の中で騒いでしまう小さな子に、親であれば「やめなさい」「静かに座っていなさい」といった言葉をかけるべきでしょう。しかし最近は「それも子どもの個性」と捉え、一言も注意しない親もいます。

公共の場で、傍若無人に振る舞うことは個性ではなく、自分勝手、わがままの典型です。親は、個性という言葉の魅力に惹かれすぎ、子どもたちを小さな暴君に育ててしまっていないか、日々のかかわりを振り返ってみる必要があるでしょう。

より良い立ち居振る舞いを教える

ツバサ君のように、明るく、元気な子は多くの人に好かれ、かわいがられることでしょう。しかし、挨拶ができる、返事ができる、話を聴けるなど、人とかかわる際の態度が身についた上でなければ、彼の良さは周りの人には伝わりません。明るく、元気な子という良い印象が一転してふざける、乱暴な子という悪い印象に変わってしまうこともあります。

松平洋史子氏（大日本茶道協会会長）の言葉に、「**『型』[※]の中に見いだす違いが『個性』になる**」とあります。子育てを考えるとき、いつも忘れずにいたい言葉です。挨拶をするときには「相手の目をきちんと見る」「頭を下げる」「丁寧に言葉を発する」という型はとても大切なものです。

それらの型は、どの子にとっても同じものですが、ツバサ君ならば「明るく、元気に」、ワカナちゃんならば「静かに、落ち着いて」挨拶ができそうです。このように型の中に見えてくる違いならば、大人は、「○○ちゃんらしいなぁ」「○○ちゃんの個性だね」と受け止めてよいでしょう。

「型」を教えやすい時期がある

発達心理学を専門とする川島一夫氏は、学校現場における子どもとのかかわりに関し、「**10歳までは教える生徒指導、10歳からは考えさせる生徒指導**[※]」という提言をしています。

10歳といえば小学校4年生。ツバサ君のように小学校低学年の子どもに対しては、「これは○○しなければいけないのだよ。きちんとしようね」と教え、きちんとできたときに褒めることは親であれば誰もが繰り返しやっていることです。そうした教え方は、効果が上がる場合が多くあります。

その一方、小学校高学年の子どもになると、教えられる・指示される・命令されることに対し反抗的な態度をとったり、褒められることを素直に喜べなかったりする場合もあります。その時には、「こういうときはどうすればいいと思う？　考えてみて」と、答えや判断を子どもに委ねたほうがうまくいく場合が多くあります。

少しだけ大人として扱われたような気持ちになり、プライドがくすぐられるのかもしれません。

挨拶やうなずきなど、人とより良くかかわる上でのコツ・技術は「ソーシャルスキル」と呼ばれます。**親は、そのスキルを、教えがなじむ時期には教え、教えがなじまない時期には考えさせるよう心がける。そうすることでやがてスキルが子どもたちのなかに「型」として定着するようになります。**

子育ても「型」の教育から

水泳、サッカー、野球、ピアノ、習字、絵画など、子どもの習い事は多岐にわたります。「ボクは好きにやるよ。そしてうまくなる！」と言って勝手に練習しても上達することはむずかしいでしょう。まずは基礎・基本である「型」を習い、日々の繰り返しによって習い事は上達していきます。

人づき合いのコツ・技術であるソーシャルスキルの上達も全く同じです。まずは「型」の教育から始めましょう。

将来、子どもが「人間関係の達人」となるには、私たち親の手助けが必要です。お互いソーシャルスキルの名コーチ・名師匠として時に厳しく、時に優しく、子どもを導いていきたいものです。

11

フレンドリーではありたいが フレンドにはならない

親に向かってなれなれしい態度をとる、ユウト

11 私（親）とのかかわりが気になる…
フレンドリーではありたいがフレンドにはならない

こら！

ちょっとユウト！なんなのその口のきき方。ちゃんと挨拶して！

あ、こんちは。

ん？

うっひゃ～～

あっ！

ラッキー！見てよー、ケーキだ！

はぁ～～

ちょっと来なさい。

ガラリッ
……

則知礼節
はい……。

ユウトの言葉遣い、あれはなんだ？親や祖父に友達みたいに話すなんて。

子どもとはいえ、ちょっと失礼よね。お父さん言葉遣いに厳しかったから。あなたはよく叱られたわよねぇ。

はい どうぞ
そうそう、すごく怖かったもん。でもそのおかげで、敬語に困ったこともなかったし、先輩たちともうまくやれたな～。

はっ…。

お父さんが厳しくしてくれたから自分に自信ももてたんだわ！

11 私（親）とのかかわりが気になる…
フレンドリーではありたいがフレンドにはならない

子どもを叱れない親

「子どもを叱れない親」というテーマのテレビ番組が放映されたことがあります。そこでは小学校高学年の娘をどのように叱ったらよいかわからないという父親の悩みが紹介されていました。

「叱らないで育てる」という方針で育てられた子どもが大人になり、やがて親になったとき、わが子の叱り方がわからない、叱ることで嫌われるのではないかと不安が高じて叱れない、といったことを見聞きします。

子どもが悪いことをしたとき、**正しく叱ることは子育てに必要なことです。**子どもは悪いとわかっていることをしながら、親がどう出るか、その反応を見て、親の愛情の深さを測ろうとしているのかもしれません。

「友達」のような親も時には本気で叱ることを

叱れない親のいる家庭では親子の関係性がフラット化され、どんどん友達のようになっていくのです。昔のような頑固親父、カミナリ親父はめっきり姿を消しました。

学校での先生と子どもの関係性のフレンド化も進んでいます。先生を授業中でも「〇〇ちゃん」「〇〇〜」とニックネームで呼ぶ子ども。

ある学校の若い先生に「どうして先生をニックネームで呼ぶことを注意しないのか」と尋ねたところ、「本校の児童は、過去に教師との関係で心にダメージを受けた児童が多い。そのため、教師との距離が近くなるように、ニックネームで呼ばれてもそれを注意することはしない」という答えでした。

私はこの近すぎる距離感ではきっと先生を甘くみたり、バカにしたりする子どもが出てくるだろうと思いました。実際、その後この先生のクラスは学級崩壊のような状況になったと聞きました。

学校でのこうした現状と家庭での親子のフレンドリーな関係は、相互に影響を及ぼしあっています。

親子がフレンドリーな関係にあるのは良いことでしょう。しかし、親は子どものフレンドではありません。「親しき仲にも立場をわきまえた礼儀が必要」であることを繰り返し教えなければなりません。そして**子育てには、時に涙を流しながらでも叱る・注意する厳しさをもった親の存在も欠かせないのです。親は自分のために「怒る」のではなく、子どものため**

に「叱る」ということも大切です。

そうした言葉ならわが子に必ず届きます。子どもは親の言葉を必ず受け止める、と信じましょう。

子どもの「オニの心」を鎮めるのが親の役目

ユウト君のように親に対して友達のような言い方をするとき、「オニの心」※が出ているといえます。

オニの心とは、好き勝手でわがままな心のこと。そんなオニの心を鎮めるのも鎮め方を教えるのも大人の役目です。子どもが社会に巣立つまで、最も多くかかわるのは親です。親は、子どもが時々出すオニの心に触れる機会が最も多い大人であるともいえます。

オニの心は、子どもが小さいうちは柔らかいものですが、年齢を重ねるにつれ、その心は硬さを増していきます。オニの心が外に見える形で出たものを「オニの角《つの》」と捉えるとわかりやすいでしょう。

幼児の角はスポンジのように柔らかく、素手で抑えることができます。しかし、少しとがってきた小学生の角を抑えるのは軍手が必要、硬くとがってきた中学生の角は軍手2枚重ねが必要となり、やがて、大人になってから出す角を親が抑えるのはもはや不可能となってしまいます。

わが子がそんな大人にならぬよう、私たち親は、子どもが時々出す「オニの角」が柔らかいうちに鎮めたり鎮め方を教えたりしたいものです。

親に対して友達のような言い方をしたのなら、「ダメでしょ（対決のユーメッセージ）」「今の言い方、（お母さんは）嫌だな（対決のアイメッセージ）」などの言葉を繰り返すとよいでしょう。もちろん、良い言い方をしたときも見逃さず、「えらいね（肯定のユーメッセージ）」「今の言い方、（お母さんは）嬉しいな（肯定のアイメッセージ）」の言葉かけも忘れずに。

12

うなずきという「現実の打ち出の小槌《こづち》」を振る

思春期!? 話を聴いてほしい、ユイ

12 私（親）とのかかわりが気になる…
うなずきという「現実の打ち出の小槌」を振る

ふぅ〜
おわった おわった
カタ カタ
○△□円です。
…はい。

目も合わせないし、こっちの話にも反応がないから、ホント話しづらいわ。言いたいことだけ言って！それに比べて歯医者さんはしっかりうなずいてくれて、話しやすかったな。

お大事に。

…。

そういえば!!ユイと話している時、聴いているサインを出さなかったし、目も見ずに、うなずきもしなかったような…。

はっ…

そっかぁ〜。あれじゃ、ユイも話したくなくなるよね…。

反省。

うるっ

夕食の時…。

あのね今日、授業中に、校庭に野良犬が入って来てさー。

わんっ わんっ
わたしが見つけて、みんなに教えたの。

えっへん
へぇ～

でも授業中によそ見してたの？

あ、…うん。でもみんなびっくりして窓に飛びついて。先生まで「どれどれ」って見てたんだよ。

わー わー
どれどれっ…

ふふふ、そうなんだ。

へっへっへ…

なんか、今日話しやすいな。お母さん聴いてくれて笑ってくれた。

もぐもぐっ
ちゃんと目を見てうなずくだけで、こんな素直に話してくれるんだ！

話すことの二倍聴く

「口は一つに耳二つ」という言葉があります。

それは、「話すことの二倍聴くように」…と、「聴くこと」の大切さを私たちに教えてくれる言葉です。確かに、これまで私が出会った**「人間関係の達人」は皆、「聴き上手」**であったと振り返っています。

ある学生は、親のかかわり方として最も嫌だったのは、「話（理由）を聴いてくれなかったこと」と述べています（186頁参照）。ユイちゃんが「親は私の話を聴いてくれない。もういい」と感じていることと同じなのではないでしょうか。

思春期に突入した子どもの多くは親の言葉を煙たく感じるようになります。ただでさえそのように感じているときに、親からの説教や注意の言葉が繰り返し投げかけられたら、子どもはそれらの言葉に真っ直ぐ向き合うことはなくなってしまうでしょう。

一方、ある学生は、親のかかわり方として最も嬉しかったことは、「学校であったことなどの話をちゃんと聴いてくれたこと」と述べています（184頁参照）。やはり、私たちは、**子どもに対して自分が話すことの二倍聴く親でありたいものですね。**

「うなずき」は「現実の打ち出の小槌《こづち》」

皆さんはきっと「打ち出の小槌」の話を聴いたことがあるでしょう。

打ち出の小槌とは、『明鏡国語辞典』によると「それを振れば何でも望む物が出てくるという小さな槌」とあります。また、『日本大百科全書』によると『一寸法師』では、打ち出の小槌が重要な役割を演じている。打ち出の小槌は、古来、隠れ蓑《みの》、隠れ笠《かさ》と並び称せられた宝物で、もともと鬼の持ち物とされた。『平家物語』にも、鬼の持った打ち出の小槌がみえる」とあります。

「打ち出の小槌を振れば何でも望む物が出てくる」…。そうであれば、まさに夢のような出来事でしょう。子育て中の親ならば「親子が安心・信頼感のなかで仲良く暮らす時間」が強く望むものの一つではないでしょうか。望みを叶えるために打ち出の小槌を振りたくても、それは現実に存在するものではありません。しかし、私たちは、「昔話の打ち出の小槌」に代わる「現実の打ち出の小槌」をすでに手にしています。それが「うなずき」です。子どもの話を程よくうなずきながら聴くことで、話し手と聴き手を結ぶ「安心・信頼感」という宝がザクザクと湧いてきます。

「親子が安心・信頼感のなかで仲良く暮らす時間」を得るために、**「うなずき」という「現**

実の打ち出の小槌」を振っていきませんか。

ただし、心のこもらない「うなずき」では相手の心に響きません。「なるほどね～」「そうなんだね～」などと小さな声で口にしたり、相手の目を見ながら、うなずいたりすることが大切です。また、子どもはその時々の状態により、「ボク、できないかも…。だめかも…」等、不安や自信の無さを訴えてくることもあるでしょう。そうしたときにも、「そんなふうに思っているのね」と、子どもの思いを受け止めながら聴く。何かを子どもに語るでもなく、ただしっかりとうなずきながら子どもの話を聴く。「安心・信頼感」に包まれた子どもは、少しずつ自信を取り戻していくことでしょう。

「うなずき」は、「聴いていますよ」というサイン&フィードバック

「うなずき」がもつ力のすばらしさは、國分久子先生（青森明の星短期大学名誉教授）が講演の中で話された「あの人がうなずくだけで出る勇気」に凝縮されていると感じます。誰もが日常会話のなかで、相手がうなずいてくれるだけで安心するという体験をしているのではないでしょうか。

うなずきは、「あなたの話を聴いていますよ」というサインであり、相手へのフィードバッ

クでもあります。うなずきを大切にして、お互い「聴き上手」な親をめざしていきましょう。

閑話休題

学校における実践に学ぶ

かかわりの糸を太く

カウンセリングや心理学を学んだことから「自尊感情&ソーシャルスキル（人づき合いのコツ・技術）は、『かかわり』を通して育まれる」という思いを強くし、学校現場に「週1回短時間でできるかかわり活動」を提言しています。今、いくつかの学校では実践によって教師と子ども、子ども同士のかかわりの糸が太くなるという顕著な成果が表れてきています。「自分や友達のいいところがわかった」「クラスの誰とでも話ができるようになった」等は、子どもたちから聞こえてくる生の声です。かかわりの糸が太い学級の子どもたちは、大いに学校生活を楽しんでいます。

一昔前であれば、家庭・地域生活の中でさまざまに人とかかわる場面があり、子どもたちの自尊感情やソーシャルスキルは自然に育まれてきたと言えます。しかし、今や、かかわり場面を大人が意識して用意することが必要な時代になってきていると強く感じます。「家庭ではどうすればいいの？」。その答えは、きっと本書の中に見つかります。

友達とのかかわりが気になる…

13

大人の階段を一歩先に登っている

仲良しグループの関係に悩む、ユイ

13 友達とのかかわりが気になる…
大人の階段を一歩先に登っている

翌日、幼なじみと…。
うちの子、仲良しグループの子とそうでない子の間で悩んでるみたいなの…。
へぇー、女子だねー。
そー、そー
あの子なりに気をつかって大変みたいなのよ…。
あ〜んっ
ふ〜ん
うちらもそういうことあったよねぇ！交換日記のこと覚えてる？
あ〜んっ
思い起こせばあれから20年…
くるくる
あ、そういえば！私があなたと交換日記始めたら、グループの友達が気づいて、嫌味言われたり仲間はずれにされたりしたなぁ…。
そうそう！で、私がグループの子に『一緒に交換日記やろうよ』って言って…。
キャッキャッキャッ
みんなびっくりした顔してたよね。結局全員で交換日記やって、みんな仲良くなっちゃった。
しみじみっ
仲良しグループと違う行動するのは大変なことだったんだね。あの頃…。
もぐもぐ

13 友達とのかかわりが気になる…
大人の階段を一歩先に登っている

仲間関係※の発達には段階がある

小学校中学年から高学年にかけ、男の子はギャング（徒党）・グループを形成します。まれに、女の子が仲間に入ることもありますが、基本的には男の子たちのいたずら集団です。同一行動を前提とした一体感がもたらす親密さで、お互い仲間内の承認を欲しがります。

一方で、**女の子は、小学校高学年頃から思春期特有の「チャム（親友）・グループ」を形成**します。

3、4人がつねに行動を共にし「私たち同じSNSのグループよねぇ」など、お互いの共通点を言葉で確認し仲間内の秘密を共有します。また「あの子は私たちの仲間じゃないのよ」と、周りの誰かを仲間はずれにして一体感を強めていく傾向があります。

このように、**男女はそれぞれ特徴的な仲間関係の発達を遂げますが、高校生の頃には、性別を超えて「ピア（仲間）・グループ」を形成**します。

この段階は、さまざまな集団を自由に出入りし、自分とは異なる価値観を楽しんだり受け入れたりしながら、アイデンティティー（自我同一性。自分は何者かという意識）を築き始めるのです。

仲間関係の発達から見る現代の子ども像

こうした仲間関係の発達は、精神科医H・S・サリヴァンによって1953年に整理されたものです。その当時と現代では、子どもの周辺環境は大きく異なっています。

家庭では三世代同居が減り、核家族が増え、地域では他人の関与を歓迎しない風潮（私事化）が拡がりを見せるなど、人と人とがかかわる機会が格段に失われてきています。

そのような環境下、子どもにも変化がうかがえます。男の子のいたずら集団であるギャング・グループが消えていき、女の子の集団であるチャム・グループが肥大化し、仲間内への同調性が強まっています。そのため、本来ならば、ピア・グループを形成する高校生段階に至っても、不本意な同意や軋轢《あつれき》を避ける姿勢が目立ち、チャム・グループが長引く状態になっている状況（「薄められたチャム・グループ」ともいう）も見られます。

どの「段階」も大人になるためには踏み外せない

私たち親が小学校の頃を振り返ると、「友達と『群れて』遊んで楽しかったなぁ」「○○ちゃんを仲間はずれにしちゃって悪かったなぁ」など、嬉しい思い出、苦い思い出がよみがえるのではないでしょうか。

大人になるために、誰もが仲間関係の発達という「階段」を登ってきたのです。親は、子どもに対して、登ってきた「階段」の体験を語ることができます。

今、まさに「階段」を登っている子どもたちには、親の「ガイド」が必要な子どもも多くいます。

「子どもとかかわる際、最も気になることは？」という問いに、わが子の友達関係を挙げる親もいます。親は自分の体験に照らしながら、子どもへの適切な行動をとりたいものです。「ゲームばかりで外遊びをしない」子どもには、父親が「昔のガキ大将」に戻り、わが子と友達数人をキャンプなどに連れ出し「群れる」ことの楽しさを教えるのもよいでしょう。「仲間はずれにされてしょげている」子どもには、「女の子同士ではよくあること、お母さんも同じことがあったわよ」と体験を聴かせると、少しずつ問題解決に向かうこともあるでしょう。

ユイちゃんのように、いつもの仲良しグループとは違う友達のことが気になりだすと、「チャムからピアに上がる階段に少し足をかけ始めた」ということです。そして、もし、子どもがユイちゃんのように悩みを話してきたならば、「みんなより、一歩先に、大人に近づいているんだよ」と声をかけるとよいでしょう。

仲間関係の発達段階を知っておくと、わが子の友達関係を把握する際の手がかりが見えてきます。

目の前の悩ましい友達関係にも、「大丈夫！　誰もが通る道、おかしなことではないんだよ」という言葉が、きっと子どもたちの背中の一押しになります。

14

関係づくりの第一歩は相手への関心から

新しい友達との関係に悩む、エミ

14 友達とのかかわりが気になる…
関係づくりの第一歩は相手への関心から

ピアノ教室からの帰り道。

なんだか新しいお友達と楽しそうだったね。

このこの〜

うん。あの子、今まで苦手だったんだ。すぐ自慢するから話しづらくて。

そうなの？でも、今日は盛り上がってたね…。

でっもー、『サラ春』のセナが好きなんだって。なんか話が合うから話してみようと思って。

きらっ
きらっ
自分に、興味もってくれて、好きなものを褒めてもらったら嬉しいもんね。

あっ…。

自信ないなあ…。

にっひっひっ…

そうだ！

学校の隣の席の子にも、好きなものは何か聞いてみたら？

ぽんっ
びくっ
…。

ぽか〜んっ
なんでしってるの？

誰だって、自分のことを知りたいと思ってくれる人には、悪い気はしないと思うよ。

う、うんっていうか…

…そうだよね。

聞いてみよっかなあ。

お母さんなんでそのこと知ってんのかな…

14 友達とのかかわりが気になる…
関係づくりの第一歩は相手への関心から

関係づくりは相手への関心から始まる

親と子の関係、教師と子どもの関係、子ども同士の関係など、**全ての関係づくりは相手への関心をもつことが第一歩**となります。

エミちゃんのように、「私、○○ちゃんとあまり仲良くないんだ。本当は仲良くなりたいのに」「友達ができるといいな」等の声を聞くと、親としては心配になります。そんなときには、さりげなく自分の子どもの頃の体験として「お母さんが小学校の頃にね、学校で『ユキ(母の名前)ちゃん、おはよう!』って、あまり親しくないクラスの子に声をかけられたの。でも、名前を呼ばれて挨拶されて、お母さん嬉しかったなぁ」「○○ちゃんは何が好きなの?もし、○○ちゃんがお洒落好きな女の子なら、『○○ちゃん、今日の洋服、とっても似合うね』って言ってもらったら、すごく嬉しいと思うけど」と、相手が喜ぶことをするようにアドバイスするのも一案です。

関係づくりを悩んでいる子どもに、**相手への関心をもつことで具体的な行動が生まれることを教え、小さな勇気で行動を起こすことが大事である**と、親はさりげなく伝えてみてはどうでしょうか? まずは関係づくりの第一歩を踏み出せるよう、そっと背中を押してあげましょう。

あまり自分に自信がないエミちゃんタイプの子どもには、自分の体験のように「こうされてお母さん嬉しかったのよ」&「お母さんがその子だったらきっと嬉しいなぁ」というソフトタッチな言葉をかけたいものです。

一番寂しいのは無関心ということ

「愛の反対は憎しみではなく無関心」という言葉があります。「相手にされない」「無視される」、こうした辛さを経験したことがある人は決して少なくないでしょう。

子どもにとって学校という社会で無視されることは、どんなに辛いことか。こうした無関心がいじめや不登校といった現象につながるのではないでしょうか。

学校は社会の縮図ともいえます。**無関心の小さな芽を早く摘み取り、みんなが仲良く学校生活を送れるよう、家庭での役割を考えてみましょう。**

そのためには、子どもたちが大人になってもより良い関係性を築けるよう、子どものうちからの習慣が大切です。親は、わが子に「人に関心をもてるようになってほしい」と願います。時には子どもが興味のあることを話題にしてみましょう。親は子どもへの理解が深まり、子どもは親に理解してもらえる喜びを感じることでしょう。こうした積み重ねが学校や社会での無関心をなくすことにつながります。

15

「引き算」ではなく「足し算」をする

ゲームばかりして外遊びをしない、ユウトとツバサ

15 友達とのかかわりが気になる…
「引き算」ではなく「足し算」をする

家族で町内会のお祭りに…
よく来たねぇ ちょっと遊んでいくかい？
こんにちはっ
遊び＝ゲーム
ぽわ〜ん
やった
コマ回しなんてどうだい？
なーんだ。ゲームじゃないのか。
けっこうおもしろいよー。
ボクはイイや…。
ちょっずるいぞっ
そーっと
じゃっ、
お兄ちゃんこれ、やってみない？
えっ…？
じゃあ、一回だけ…。
よっ!!
あわわ…
くるっ くるっ
ふら ふらっ
オーマイガー！
わあぁぁぁ。強いね、おじちゃんっ。
へっへっへーい
くるっ くるっ
ころんっ…
お兄ちゃんも初めてにしてはうまいよ！
ココをこう持って…
うりゃっ
カッ カッ
…。
お兄ちゃんボクもやりたい！

15 友達とのかかわりが気になる…「引き算」ではなく「足し算」をする

携帯ゲームは子どもにとって必須の遊びアイテム

1983年発売のファミコンによりテレビゲームが家庭に浸透し、子どもの生活の中にゲームは拡大していきます。少子化による子ども一人当たりの支出が増加したこともあり、業界側もよりおもしろいモノとサービスの提供を競いあっています。

今では、就学前の小さな子どもたちまでもが携帯ゲームを手にし、真剣に画面を見つめる姿が日常的に見られるようになりました。戸外に目を移しても、公園のベンチに座った子どもたちが隣に座った友達の存在に気づかないくらい、画面のゲームに熱中している姿を見るにつけ、遊びの様相が変わったことを改めて感じさせられます。

今や携帯ゲームは子どもにとって必須の遊びアイテムであり、それをなくす・取り上げることはできなくなってきています。

一人遊びも楽しい。でも、みんなで遊ぶのも楽しい

携帯ゲームのように一人で楽しめる遊びでは、どうしても人とのかかわりが薄くなり、かかわりを通して育まれる自尊感情（自分にOKと言える気持ち）やソーシャルスキル（人づ

き合いのコツ、技術）が乏しくなると考えられます。
ユウト君、ツバサ君きょうだいのように、外遊びが好きで活発な子どもたちですら、携帯ゲームの魅力にとりつかれるのですから、他の多くの子どもたちがゲームに夢中になるのは仕方ありません。「いつまでもゲームばかりしてちゃダメでしょ！」と声を大にして注意しても、親からの言葉は子どもの耳を素通りするだけでしょう。ゲームを禁止したり、取り上げたりする対応も考えられますが、「○○君は家で何も言われないのに、どうしてボクの家はダメなの？」等、不平不満ばかりが募り、問題としては何一つ解決されない場合が多いと思われます。

ある小学校では高学年の1泊2日宿泊学習の際、「携帯ゲームの持参は不可、トランプの持参は可」としたところ、子どもたちの多くがトランプを持参し、各部屋で先生も交え、ババ抜きや七並べなどで大いに盛り上がったとのことでした。
一人で楽しめてしまう携帯ゲームのように「モノと遊ぶ」だけではなく、トランプという「モノを介して人と遊ぶのもまた楽しい」ということを、私たち大人は子どもたちに教えていきたいものです。

一人でモノと遊ぶことの全てが悪いわけではありませんが、みんなで遊ぶのも楽しいとい

うことを家庭生活の中でも教えたり、気づかせたりしたいものです。優勝賞品はチョコレート、準優勝賞品はガムといった賞品も用意して、家族全員参加の大トランプ大会など、工夫次第で親子一緒に楽しむことはさまざまにできます。

「引き算」ではなく「足し算」で遊びを考える

「子どもがゲームばかりして外遊びをしない」ことが親同士の話題になることも多いようです。魅力的な携帯ゲーム等がこの世に登場する以前なら、子どもたちはいくらでも戸外に飛び出し、スポーツに興じたり、山や川、海辺での遊び、探検ごっこや自分たちだけの秘密の基地づくりだったり、自然や友達とかかわる遊びに魅力を感じていたでしょう。

しかし、今や子どもたちは、いつでもどこでも楽しめる魅力的・刺激的な携帯ゲームを手にしてしまっています。子どもたちは携帯ゲーム以上の魅力を、ほかの遊びの中に感じにくいのかもしれません。

携帯ゲームを禁止するという「引き算」対応ではなく、トランプや鬼ごっこなど、ほかの遊びも教えていく「足し算」対応により、子どもの意識に携帯ゲーム以外の遊びの楽しさも溶け込ませていきましょう。

さまざまな遊びの文化を伝えることも私たち親に課せられた人生の課題だといえます。時には子ども時代に帰り、わが子との遊びを楽しんでみませんか。

閑話休題

学校における実践に学ぶ

一枚岩で取り組む

ある学校は、先生達が見事な「一枚岩」で「かかわり活動」の実践を展開しています。週1回15分間、各学級で「二者択一（3、4人のグループで、『パンとご飯はどちらが好きですか？』等の問いに、『ボクはパンが好きです。なぜならば…』と順番に話し、聴き合う）」等のかかわり活動に取り組み、今では、学校全体が子どもたちの笑顔であふれるようになりました。しかし、このようなゲーム的な活動に対し、初めから全教師が賛同して取り組んだわけではありません。管理職が「私たちはチーム○○○学校です。まずはみんなで試してみましょう」と語り続けることで、少しずつ「一枚岩」の体制ができあがったのです。

皆さんの家庭は、「一枚岩」での子育てができていますか？例えば、家族で話し合い、「わが家を『ありがとう』でいっぱいに！」と決めたならば、みんなで「ありがとう」を意識して使っていく。そんなルールを家庭でも実践してみてはいかがでしょうか。それが成功すれば、かかわりの糸が太い温かな家庭で、良い子育てができるでしょう。

きょうだいとのかかわりが気になる…

16

カイン・コンプレックスを心に留めおく

16 きょうだいとのかかわりがが気になる…
カイン・コンプレックスを心に留めおく

はは〜〜んっ
エミでしょっ!?

じろっ
くるっ
私じゃない、ひどいよ！お母さんはいつも私ばかり叱って！どうしてお姉ちゃんは叱られないの!?

あらあらいいのよ。

びえ〜〜んっ
二人で遊んでたら、壊れちゃったのよね。エミちゃんのせいじゃないし、誰のせいでもないわ。

ひっくひっく
オロオロ
モノはいつか壊れるんだから…。

…。

あなたのお母さんも子どもの頃、『お姉ちゃんばっかり褒めて私は全然認めてくれない』っていつもすねてたわっ。

お母さんが…？

そんなことあったかなー？

ひいきしてるつもりはなかったんだけどね。そう感じさせたのは悪かったなぁと…。

反省したわっ。

遠い目…

うん、なんか思い出した。お母さんも二人のこと色眼鏡をかけて見てたのかも…。

エミ、ごめんね。

うん…。

とっぷり…
その日の夜、寝室で…。
ユイは、生まれてくるのに、まる一日かかったのよ。難産だったー。
ふっふっふっ
そうだったんだー。
ユイには苦労かけられたわ～。
あははは
エミは早かったよ！病院入って、2時間で生まれたの。
あ、あたしっ？
へえ！
なんかねむくなっ…
親孝行な赤ちゃんだったよ～。
ユイもエミも、大事な大事な私の娘だよ～。
ムニャムニャ…
…。
えへへ…。

「お姉ちゃんばっかり！」はコンプレックスの赤信号

子どもの口から、「お姉ちゃん（お兄ちゃん）ばっかり！」「（弟、妹は）いいなぁ」という言葉がでるようになったら、子どもの様子を少し丁寧に見ていくとよいでしょう。

自分はきょうだいに比べ、差別的に扱われており、親から愛されていないと感じること。これをカイン・コンプレックスといいます。

カイン・コンプレックスとは

「コンプレックス」と聞くと、「劣等コンプレックス（自分は人より劣っていると考える心理）」をイメージする方が多いのではないでしょうか。しかし、コンプレックスには、ほかにも「エディプス・コンプレックス（子どもが異性親に愛着をもつ心理）」「ダイアナ・コンプレックス（女性が男性に張り合う心理）」等があります。つまり、コンプレックスとは「心のしこり」であり、誰もが多かれ少なかれもつものです。

エミちゃんのように、日頃、親から「お姉ちゃん（ユイちゃん）みたいにきちんとやりなさい」「お姉ちゃんを見習いなさい」という言葉をかけられ続けた子どもは、「お姉ちゃんばっかり褒められている」というカイン・コンプレックスが強まっていきます。

カイン・コンプレックスとは、一言で言えば「きょうだい間葛藤」であり、旧約聖書に登場するアダムとイブの息子、カインとアベルの物語から名づけられました。神への供物として兄カインは農作物を、弟アベルは羊を供えました。しかし、神が喜んだのはアベルの供物。神の愛を受けられなかったことに怒り嫉妬したカインはアベルを殺害し、エデンの東に追放されてしまうという悲しい物語です。

親のワザでカイン・コンプレックスの芽を摘み取る

「心のしこり」であるコンプレックスは誰もがもつものと心に刻んでおくことで、親である自分自身および子どもたちにさまざまなコンプレックスが表れたとき、慌てず、驚かずに済むことでしょう。

親はつねにわが子を平等に扱っているはずなのですが、エミちゃんのようにきょうだいのある人なら「どうして兄・姉（弟・妹）ばっかり？　お父さん（お母さん）は不公平だ。私のことなんてかわいくないんだ」という思いに心を揺らしたことがあることでしょう。

エミちゃんのような言動が生じたら、親は子どもへの態度を少し変えてみる必要がありそうです。子どもは、「そんなことないよ。お父さん（お母さん）は、〇〇ちゃんのことがとってもかわいいんだよ」という親の言葉が欲しくなっているのでしょう。

私たち親の「かわいいよ、大好きだよ」という言葉の積み重ねが、子どもの「心のしこり」を少しずつ柔らかくしていきます。

カイン・コンプレックスの芽が小さなうちに、本書に示したさまざまな言葉かけのワザで刈り取るようにしたいものです。

エンプティ・スクリーンとして子どもと向き合う

精神分析理論には、「カウンセラー※は白いスクリーン（エンプティ・スクリーン）であれ」という言葉があります。

この言葉に学び、私たちも**親として子どもに向き合うときには、「白いスクリーン」として向き合っているかどうかをチェックするとよいでしょう。**

もしかすると、ユイちゃんには何事も肯定的に捉える「明るい色のスクリーン」になり、エミちゃんには否定的に捉える「暗い色のスクリーン」として向き合っているのではないでしょうか。

知らず知らずのうちに、**きょうだいの間に、「葛藤」「嫉妬」「敵愾心《てきがいしん》」というコンプレックスを生み、それらが強まらないよう、親としてのかかわり方、特に言葉のかけ方に、留意していきたいものです。**

17

「陰褒め《かげほめ》」で お互いの仲をとりもつ

きょうだいげんかが絶えない、ユウトとツバサ

17 きょうだいとのかかわりがが気になる…
「陰褒め」でお互いの仲をとりもつ

ユウトもツバサも男の子らしくて、やんちゃでいいねぇ。

ずずずっ
でも、
やんちゃすぎて、困ってます。

やんちゃな男の子2人をよく育ててくれて、ありがたいってあんたの旦那が言ってたよ。

ありがて〜

えっ!?

本当ですか？苦労をわかってくれてたんだ。嬉しい。

テッテレー♪

じゃあ、ツバサの気持ちを代弁してお兄ちゃんに伝えてあげたら？

でも、きょうだいげんかばかりで…。ツバサはお兄ちゃんに憧れているのに、素直に言えないんです。

がびょ〜〜〜んっ
そうか!

ぽんっ
私が夫の声をおばあちゃんから聞いて嬉しかったのと同じことね…。

道が開けた!

キラリン!

気がする…。

お兄ちゃんも、弟が憧れてると、私から聞いたら、すごく嬉しいに違いない。

やれやれ…

ふっ

17 きょうだいとのかかわりがが気になる…
「陰褒め」でお互いの仲をとりもつ

「陰褒め」できょうだい仲良く

ユウト君、ツバサ君のように、**きょうだいげんかがエスカレートし、親として仲立ちが必要と感じたならば、周囲からの肯定的評価による「陰褒め」が有効です。**このきょうだいの母親も、間接的に聞いた夫の褒め言葉に温かく嬉しい気持ちになれたのです。

例えば「ユウトって、いつもツバサの面倒をよくみているって、この前、担任の先生が褒めてたわ」「ツバサ、お兄ちゃんはね、とってもツバサのことが好きなんだよ。この間、ツバサ、○○君とケンカして泣いちゃったでしょ？　今度は、お兄ちゃんが応援してやる！って言ってたよ」「あのね、ユウト。ツバサがいつもボールを蹴っているのは、ユウトに憧れてるからなの。友達にもお兄ちゃんのこと自慢しているんだから」等々。

こうした「陰褒め」を聞くと、「そうだなぁ。オレはやっぱりツバサのことが好きだ」「へぇ、お兄ちゃんはそんなふうに思っているのか」と、きょうだいに対するプラスの感情が生まれてきます。ユウト君は「じゃあ、今度、ツバサにサッカーを教えてやるよ」となるでしょう。

きょうだいげんかは、どの家庭でも日常的に見られるものであり、それほど心配することではありません。放っておいても自然に収まる場合がほとんどでしょう。

しかし、時にはけんかが日増しにエスカレートし、ものすごい暴言がお互いの間を行ったり来たり。取っ組み合いに発展し、やがては口も利かない状態に陥ってしまうことも。親としては、見るに見かねて何とか仲立ちしなければと思うこともあるでしょう。その時にこそ、「陰褒め」が威力を発揮するはずです。

「おじいちゃんが褒めていたよ」「お母さんから聞いたよ。○○を頑張ったんだって?」等の「陰褒め」をぜひ使っていきましょう。

「陰褒め」とは間接的な褒め言葉のかけ方

「えらい!」「すごい!」等の「肯定のユーメッセージ」に加え、「嬉しいなぁ」「助かるなぁ」等の「肯定のアイメッセージ」は親子のより良い関係を築くのに有効な手段です。

「○○ちゃんはえらいね」等の褒め言葉は小学校低学年の子どもには効き目があります。しかし小学校高学年の子どもの場合、褒めれば褒めるほど「慰めはやめてほしい」「ボクがダメな子だから気を遣って褒めてくれるんでしょ?」等、真っ直ぐに受け止めることが難しくなる子どもがいます。

私はかつて小学校高学年の担任だったとき、「どうせ、私なんか」という言葉が口癖だった女の子たちに、何とか自信をつけさせようと「いいねぇ！」「すごいなぁ！」「えらいよ！」という言葉をシャワーのように浴びせていました。しかし、そうした言葉をかければかけるほど、彼女たちのなかに「私がダメだから…」という思いが強まっていくような印象がありました。

そこで、「〇〇先生が褒めていたよ」「校長先生があなたのことを『いい子だね』と言っていたよ」等、他の先生方からの褒め言葉を間接的に伝えるようにすると、彼女たちの「心が動いた」と感じることがありました。この**間接的な褒め言葉のかけ方を「陰褒め」と呼びます。このやり方を家庭でもぜひ試してみてください。**

褒め言葉のバリエーションを増やす

日頃の「褒め言葉」のバリエーションは豊かですか？　褒め言葉が「えらい！」「すごい！」ばかりになっていませんか？　「陰褒め」も加えて子どもを褒めたなら、子どもの笑顔はもっと増えるに違いありません。

「褒め言葉」のバリエーションを豊かにするには、日頃から子どもたちの言動やそれらに対する周囲からの肯定的評価を拾い集めておくとよいでしょう。

親の立場では子どもの評価は厳しくなりがちでも、おじいちゃんやおばあちゃんの評価は「甘め」なのではないでしょうか？ 「目の中に入れても痛くない」孫に対するたくさんのプラス評価を、ぜひ、聞かせてもらうとよいでしょう。

家族皆が褒めあって、仲の良いきょうだい、家族でいたいものです。

18

子どもが持っている「グローブ」に「ボール」を投げる

自分は親にかまわれていないと悩む、ユイ

18 きょうだいとのかかわりがが気になる…
子どもが持っている「グローブ」に「ボール」を投げる

そういえば今日、ユイと帰りが一緒になって。ユイ、ちょっとさびしそうな顔してたぞ。

へっ？

さびしそう？

WHY？

お母さんは私を気にかけてない。私のことはどうでもいいんだって。

うんっ
えぇえっ？

なんでそんなふうに思ったのかしら？

エミばかり世話を焼いてるってうらめしそうだったよ。

そうなの？

私は逆に、ユイから煙たがられてると思ってた。最近は声をかけると、そっけない反応だったし…。

まあ、そういう時期ってあるよな。思春期っていうか…。

そうね〜

そんなふうに思ってたのか〜気づかなかったなぁ…。

18 きょうだいとのかかわりがが気になる…
子どもが持っている「グローブ」に「ボール」を投げる

きょうだいに、等しく「ボール」を投げているつもりだが

親のかかわり方として嫌だったこととして「姉ばかりがかまわれているように思い、さみしかった」「自分に対しては放任主義で、弟には過干渉気味でうらやましかった」と言う人がいます（187頁参照）。きょうだいに対する親のかかわり方に差を感じることで生じる嫉妬心や心のしこりが、前項で紹介した「カイン・コンプレックス」と呼ばれるものです。

ユイちゃん、エミちゃん姉妹のように、きょうだいのどちらか一方のみが、親にとっては心配事の多い「気になる子」というケースはよくあることでしょう。何事もそつなくこなすしっかり者の姉、ユイちゃんに対し、妹のエミちゃんは勉強面・生活面等で自信がなく、おどおどしています。親とすれば、エミちゃんが自信をもてるように褒め言葉を多くしたり、なかなか動かずにいるときには「早くしなさい」と促したり、さまざまな言葉の「ボール」をエミちゃんの持つ心の「グローブ」に投げているのではないでしょうか。

子どもは皆、親との心の「キャッチボール」をしたいと思っていることでしょう。親は、きょうだいに等しく「ボール」を投げているつもりですが、子どもは「ボール」を受け取る回数を数え、「私のほうがずっと少ないなぁ」とさみしい思いをしているのかもしれません。

「全ての子がグローブを持っている」という意識を大切に

言葉の「キャッチボール」は、学校でも見られます。

元気に、「ハイ、ハイ」と手を挙げる子は「グローブ」を高く掲げ、「ボクを指名して。ボールをちょうだい」と要求しているのです。先生に指名され「よくできました」と褒められ、「ボール」を受け取る回数の多い子どもといえます。一方で、落ち着きがなかったり、ぼうっとしたりしている子も、先生としては「気になる子」であり、叱られること・ちょっとしたことで褒められることなどの「ボール」を受け取る回数が、やはり多い子どもといえます。

最も「ボール」を受け取る回数が少ないのは、静かに先生の話を聴いているおとなしい子。「グローブ」も高く掲げることはなく、時には背中に隠しているような子も見受けられます。このような子に、どうやって「ボール」を渡すかが重要になります。先生なら机の間を回りながら、頭を撫でたり、ノートを見て「丁寧に書けているね」と声をかけたりの「ボール」を投げることもできるでしょう。

私たち親も同様です。**「全ての子がグローブを持っている」という意識で子どもに接することが大切です。**

家庭でのボールの投げ方

「疾風怒濤期《しっぷうどとう》」と呼ばれる思春期の子どもたちが持つ「グローブ」はやや硬くなり、「ボール」を受け取るには少し難しくなっています。硬いからといって使わずにいる「グローブ」は、ますます硬くなってしまいます。**子どもたちが受け取る・受け取らないにかかわらず、私たち親はさまざまな言葉の「ボール」を投げ続けていきましょう。**

「フン」「いらない！」と言いながらも、子どもは「ボール」を待っています。「ボールは欲しいけれど、投げられたボールは無視したい」という、思春期特有の心情を心に留めおきながら「ボール」を投げたいものです。

しっかり者の姉、ユイちゃんだって言葉をかけてほしいんだという意識をもつことが、まず親として大切にすべきこと。その上で「ボール」の投げ方をいろいろと工夫していきましょう。

例えば、次のような投げ方はいかがでしょうか。

- **「ユイちゃん」と名前を呼ぶ機会を多くする**
- **当たり前に見えることでも「褒める・勇気づける・認める」**
- **「陰褒め」（間接評価：〇〇が褒めてたわよ）をする**

・興味関心のあること（アイドル、ファッションなど）を話題にした言葉をかける

もし、ユイちゃんがこうした「ボール」をうまく受け取れなくても、機会を見て投げ続けましょう。「グローブ」の使い方は少しずつ上達します。

閑話休題

学校における実践に学ぶ

地域で子育て

週1回10分～15分の短時間かかわり活動を導入する学校が増えてきています。こうした学校での実践を通して体になじんできた挨拶等が、地域の大人に対しても自然にできる子どもが増え、無関心社会と言われる地域の空気を変えつつあります。このような子どもからの「かかわりの一歩」に対し、私たち大人は、「挨拶ができてえらいね」等の言葉をすかさず返したいものです。大人からの褒め言葉を受けた子どもは自信をもって「次の二歩、三歩」を踏み出していきます。

「かかわりの一歩」ということでは、私たち大人も子どもに負けていられません。マンション階段ですれ違う子どもに挨拶の言葉をかける、夕方暗くなるまで遊んでいる近所の子どもに「おうちの人が心配しているよ」と言葉をかける等、「小さな一歩」を踏み出してみましょう。「みんなで子どもを育てる・見守る」という空気に包まれた地域は、子育て中の親を応援する人々でいっぱい。そんな地域づくりをめざしていきましょう。

私自身が「親」として

気になる…

19

ストロークバンクを「プラス」にしておく

子育てで心疲れた、ユウトとツバサのお母さん

19 私自身が「親」として気になる…
ストロークバンクを「プラス」にしておく

私も、店の後輩たちを指導するのは疲れるよー。でも最近「良かったこと」を貯めていこうと思って。

良かったことを貯める?

ほら、これ見て。美容室スパークルのポジティブつぶやき！　私がお店で出会った良かったことだけつぶやくの。

『美容室スパークルのポジティブつぶやき』…?

美容室スパークルのポジティブつぶやき@sparkle
お客様にいつも若いですね～！って言われた！
12 25 …
美容室スパークルのポジティブつぶやき@spa
何も言わないのにトイレ掃除してくれたCくん！すばらしい！
20 43 …
美容室スパークルのポジティブつぶやき@sparkle
わたし、休憩中にBちゃんにコーヒーいれてあげましたよ。自分、やさしい…
11 32 …
ふふふっ
自分のことも書いちゃうんだね。
そう。気分がいいとか頑張れたことも書くの。見返してると、気持ちに余裕が出てくるのよ。
ぽっ
それで、後輩を怒鳴る回数が減ったわよ！
いいことを貯めて、気持ちに余裕をもつ…か～。
なるほどっ
私にも、…できるかなぁ。

19 私自身が「親」として気になる… ストロークバンクを「プラス」にしておく

自分の心に余裕があるでしょうか

ユウト君、ツバサ君のような、やんちゃな子どもに対しては、つい叱ったり、小言を言い続けたりと、そのようなことは多くの親が経験することでしょう。また、子どもを叱りつけたあとは「ダメな親だなぁ」と落ち込むこともあるでしょう。一方で、子どもが同じことをしていても、優しく・穏やかに接することもあったのではないでしょうか。そして「自分は結構いい親かも」と、子育てに自信がもてたことでしょう。

なぜ、このように二面性のある自分が出現するのでしょうか？　それは、その時々の自分の心に余裕があるかどうかによるのではないかと思われます。

心に余裕を蓄えましょう

心の余裕はどうすれば生まれるのでしょうか。交流分析理論※に「ストロークバンク（ストロークの銀行）」という概念があります。ストロークには「打撃」「ひとかき」「なでる」等の意味もありますが、交流分析理論では「他人に対する態度の表現」の意味で用いられます。ストロークには言葉を使わないもの、使うもの、受け取った側がプラスに感じるもの、マイナスに感じるもの等の種類があります。例えば「笑顔」は相手への言葉を使わないプラスのストロークであり、「大声で叱る」は相手への言葉を使うマイナスのストロークです。ストロークバンクとは、誰もがこのようなストロークを心に貯めている状態を指しています。

心の余裕とは、プラスのストロークがマイナスのストロークよりも多い状態のことです。親のストロークバンクがプラスになっていれば、子どもたちの気になる言動をさらりと受け流す心の余裕となります。自分のストロークバンクをチェックし、プラスが保たれるようにしましょう。

ストロークバンクをプラスにする習慣

ストロークバンクをプラスに保つために、次のような「ストロークプラン」に沿った考え方を習慣づけるとよいでしょう。

① プラスのストロークを周りに与える。

周りの人を褒め、感謝の言葉をかける。それはやがて自分に返ってくる。

(例) 夫が家事を手伝ってくれた。私は「ありがとう」と素直に言って心から感謝した。夫もその夜は優しかった。

②欲しいストロークは要求する。

周りの人に、自分のことを認めてもらえるように尋ねてみる。

（例）ママ友に「私も子育てを頑張っているでしょ？」と尋ねてみた。ママ友はにっこり笑って「もちろんよ！」と同意してくれた。

③プラスのストロークが来たら喜んで受け取る。

周りの人からの褒め言葉には、謙遜や否定をせず感謝して受け取る。

（例）姑から「あなたは忙しいのに家事も子育ても、とっても丁寧ね」と褒められた。私は素直に「お母さん、ありがとうございます」と答えた。

④マイナスのストロークは上手に断る。

周りの人から嬉しくない言葉が届いても、それを肯定する必要はない。自分の思いを伝える。

（例）新しく買った服を夫から「あまり似合わないよ」と言われてしまった。その時、私は「そうかな？　自分では似合うと思って買ったのよ。自分のセンスを信じて、この冬着てみるわ」と、思いを伝えた。

⑤プラスのストロークが減ったら、自分で自分にプラスのストロークを与える。

自分で自分を認め、褒めると心は楽になる。

（例）「子育ては悩むことがたくさん。それでも毎日頑張っている自分に拍手！」と、自分で自分を褒めることにした。

特に⑤の「自分で自分にプラスのストロークを与える」ことを、私たち親はもっと大切にしてよいと思います。子育てという大事業に日々携わっている私たち自身を褒めていきましょう。

マンガの美容師のように「良かったこと」を貯めていく。SNS・ブログ・日記などの活用もストロークバンクを「黒字」にするよい作戦です。早速試してみませんか？

20

倒れずにいられた理由を考えてみる

子育てで落ち込んでいる、オサムのお母さん

…そんなこと言ってなかった…。
ぼそり
この子はどうしていつもこうなの？先生の意図を理解できないし、変なこだわりもあるし…。きっと理解力のない子に育てた私の責任だよね…。
泣いちゃダメ
ぷるぷる
ふぅ
あら、コメントついてるわ
オサムくん、もう12才なんだね！ママも12年おつかれさま。
12
そっか、もう12年も母親をやってきたんだ。ママ友は私の気持ちを一番、わかってくれるなぁ…
ぽわ〜〜ん
SNSをさかのぼるとオサムの入学式の写真。
オサムママ
オサムも小学生。お父さんも感動して、涙涙！
小学校入学式
お父さんも、いつもオサムを一番に考えてくれたなあ…。
ほろっ…

さらにさかのぼるとオサムが生まれた時の写真が…。
オサムママ
元気な男の子が生まれました。じぃじ、ばぁばも初孫に大喜び。
おじいちゃん、おばあちゃんは、今もオサムをいっぱい褒めてくれるのよね…。
うんっ うんっ
そうよ、わたしっ
ミーコを飼い始めたり、SNAPのコンサートに行ったり、フラ教室も続けられてる。
SNAP
SNAP
私はダメな母親なんかじゃないわ。いろんな支えがあってここまでオサムを育ててこれたんだもの！
しゅ～ しゅ～
これからも、きっとやれる！
くるりっ
めらめらめら

その日の夜。
オサムー！さっきのお友達の靴一緒に洗いましょう。
たぷんっ
んっ？
うん、ボクもきれいにする！
さぁ、やるわよー。
さあ、オサム
さあ、明日は早めに学校に行ってお友達に上履きを返してあげて。
うんっ
ペコリ
あと、持って帰っちゃったことと洗ってあげたこと、説明できる？
うんっ!!

悩みながらも一生懸命の子育て

マンガに出てくるのオサム君のように、自分の世界をもっていたり、物事へのこだわりがあったりする子どもの場合、幼少期からの対人関係トラブルはさまざまな場面で見られたことでしょう。小学校の高学年になっても先生の言葉をうまく理解できないまま学校生活を送るわが子を抱え、自分自身に「私は子どもをうまく育てられないダメな親なんだ」という烙印を押してしまったことは、一度や二度ではないかもしれません。

子育てで落ち込んだとき、改めて、子育ての場面を振り返ってみるとどうでしょうか？その時々には「悩みながらでも一生懸命」だった親としての自分がきっといたのではないかと思います。**応援してくれた人たちがいることに感謝し、「子育て失格の『私』なんていない」。自分自身がこのように強く宣言することで、明日からの子育てに新たな一歩を踏み出すことができます。**

サバイバル・クエスチョンの活用

子育てに悩み続け、何をやってもうまくいかなかったと感じる親としての自分がいるとしましょう。

親がこれまでの子育てを振り返り、自分に自信をもつには、ブリーフ・セラピーという心理療法の中にある一つのテクニック「サバイバル・クエスチョン」※を試してみるとよいでしょう。

これは、**自分に対して、「大変なことが多かったのに、私はどうやって倒れずに子育てを頑張ってこれたのだろうか？（サバイバル＝生き残り）」と問いかける**ものです。

本当に辛くて何度も落ち込みながらも、何とか子どもを小学校高学年まで育ててきた自分。

「子育てを放棄してしまいたくなるほど辛い中、なぜ私はここまで無事に子どもを育てることができたのだろうか？」と、自分自身に問いかけてみるとよいでしょう。すると、問いを受けた自分自身が考えます。

「少しずつではあるけれど成長しているわが子の姿を喜べる自分がいたから」「愚痴を聴いてくれるママ友がいたから」「忙しい仕事の合間を縫いながら、積極的に子どもとのかかわりをもってくれる主人がいたから」等々、いろいろな答えを用意するでしょう。

このような「子どもの成長を喜べる自分」「愚痴を聴いてくれるママ友」「子育てをサポートしてくれる夫」等が、あなたを支えるリソース（資源・財産）になっているのです。

つまり、「サバイバル・クエスチョン」とは、子育てを頑張ってきたあなたを支えるリソース探しの具体方策ということです。

自分を支えるリソースに気づく

自分のこれまでの子育てを振り返り、明日からの新たな子育てへの力強い一歩を踏み出すために、「サバイバル・クエスチョン」を活用しませんか？

先に述べた自分を支えてくれるリソースのほかにも「いつも息子をかわいがってくれる実家の両親」「いつも親身になって、話を聴いてくれる教育センターの相談員」「子どもの良いところをたくさん伝えてくれる担任の先生」、また「心を癒やしてくれるペットや豊かな自然」「汗を流すと心身ともに元気になる趣味のフラダンス」等が思い浮かぶかもしれません。

このように、**これまで子育てを頑張ってきた自分自身を支えてくれたリソースは多種多様です。その存在に気づくと「よし、明日からも頑張ろう！」という元気がきっと湧いてきます。**

子育てを頑張る親の味方はたくさんいる

私はかつて秋田県総合教育センターの教育相談担当として、保護者のさまざまな子育ての悩みを聴いてきました。

「私は親として失格ですね」と語る保護者に、最初に「私だったら倒れていたかもしれません。そのような状況の中でよく頑張ってきましたね」というひと言を伝えました。このひと言は、サバイバル・クエスチョンへの前振りであるとともに、「頑張っているお母さんの味方ですよ」と伝えるメッセージでもありました。

このひと言を契機に、信頼関係が徐々に築かれ、とても良い相談時間を共有することが多くありました。

子育てを頑張る親の味方はたくさんいます。各地の教育センターの先生方はその筆頭候補です。

子育てに悩み、自分への自信がなかなかもてないときには、ぜひ、インターネット等で情報を調べ、連絡をとってみてください。

21

笑うから幸せになる

子育てに悩み笑顔が消えた、ワカナのお母さん

21 私自身が「親」として気になる…
笑うから幸せになる

キキッ
こんにちは。
ただいまー
おかえり！あら、もしかして送っていただいたんですか？
…ええ、雨がひどかったので…。
うわー、ありがとうございます。すみません、お手数かけて…。
いえっいえっ
…そんな。
あっそうだっ！
ちょっと待ってて…
これ、実家から送られてきた桃なんです。よかったらぜひ。
えっ
あっ
そ、その…
…いいんですか？
ワカナちゃんのお母さん、…どうかされました？いつもより元気がないみたい。
どうぞどうぞ
…そうですか？ありがとうございます。
ぜひぜひ、桃食べて気分だけでも明るくなってください。

21 私自身が「親」として気になる…
笑うから幸せになる

ネガティブな自分も認めましょう

子育て中の親には「最近、私はいつ笑っただろうか？」と考えてしまうほど、子育てに悩んでいる方がいるかもしれません。「楽しいときや嬉しいときは笑うことができる。でも、子どもを叱ってばかりの毎日では、笑顔も消えてしまいそう」と、思っているかもしれません。

笑顔のない自分に気づいたら、まずは「そうだよなぁ、確かに」と、ネガティブ（否定的）な自分を認めましょう。

人の心は、時にはポジティブ（肯定的）だったり、時にはネガティブだったりします。**ポジティブのときは良い自分、ネガティブのときは悪い自分という評価をするのではなく、まずはそのままの自分を認めましょう。**「あっ、今はこんな自分がいるんだな」と認めることで、明日からはどうすればいいのかと、考えをめぐらせることができるのではないでしょうか。

笑顔から幸せが広がる

ワカナちゃんのお母さんのように暗い顔をしていれば、暗い空気は周りにも伝わっていきます。わが子はもちろん人と顔を合わせるときは、笑顔になりたいもの。ではどうすればよいのでしょうか。

フランスの哲学者アランの『幸福論』に「幸せだから笑うのではない。笑うから幸せになる」という言葉があります。日本にも「笑う門には福来る」ということわざがあります。※

笑うと幸せになるのは自分だけではなく、周りの人もまた幸せにしていきます。楽しく嬉しい気持ちの表れである笑顔から幸福が生まれ、さらに笑顔が広がるという好循環を生むのです。親子が、家族が、笑顔でいられたら、きっと子育ても幸せと実感できることでしょう。

笑顔で子どもに接することができなかった過去を変えることはできません。しかし、未来の自分はいくらでも変えることができます。明日からは笑顔でわが子に接する親になりませんか。笑顔のお父さん、お母さんでいることは、なかなか大変なことかもしれません。でも、**親の笑顔を子どもの心に少しずつでも刻み続けることは、すばらしいことだと思います。**

現役大学生にアンケート!

小学生の頃、親のかかわり方として最も「嬉しかったこと」「嫌だったこと」は?

教師を目指す現役の大学生に「小学生の頃、親のかかわり方として最も嬉しかったことと、最も嫌だったこと」に関して、アンケートをとりました。親として、子どもの前に立つ時、「そうか、こんなふうにすればいいんだな」「これはしないほうがいいな」等、かかわり方のヒントが満載です!

最も嬉しかったこと

自分自身を認めてくれた、褒めてくれたことが嬉しかった

- テストやスポーツ、学校行事などでよくできた、または頑張ったことを評価して（認めて）くれたこと、褒めてくれたこと
- 学校であったことの話などをちゃんと聴いてくれたこと

- 何かを相談した時に、真剣に相談にのってくれたこと
- 頑張った時や悲しい時、怒られた時などにハグをしてくれたこと
- 自分が頑張っていることに対して応援をしてくれたり、共に喜んでくれたりしたこと
- 仕事を休んで運動会へ来てくれたこと
- 家に帰ると毎日「おかえり〜」とギュッとしてくれたこと
- 誕生日の時だけでなく、普段から「生まれてきてくれてありがとう」「あなたを育てることで私も成長するし勉強になる」と言ってくれたこと

- 何かをやり終えた後に褒めてくれたり、ある程度のルールの中であればいろんなことをやらせてくれたりしたこと
- 家事などの手伝いをして、褒めてもらえたこと
- 「子どものために」と一生懸命になってくれたこと

●バスケをはじめて半年しか経っていないのにもかかわらずユニフォームをもらうことができ、一緒に喜んでくれ、試合に来て応援をしてくれたこと

●理不尽に担任の先生に怒られた時、親に相談したらその先生に言いに行ってくれたこと

●何気ない普段の会話

●部活・勉強で悩んでいた時、過干渉にならずに優しく見守ってくれ、一人の時間を大切にしてくれたこと

●干渉されなかったこと

生活面でのかかわりが嬉しかった

●休日、一緒に遊んでくれたこと。いろいろな所に連れて行ってくれたこと

●自分の意見を尊重してくれ、やりたいことをやらせてくれたこと

●頑張った褒美に、豪華な食事に連れて行ってくれたこと。おいしいご飯を作ってくれたこと

●眠れない時にずっと話をしてくれたこと。絵本を読み聞かせてくれたこと

●学校行事や部活などの応援に来てくれたこと

●自転車に乗る練習に「重い重い」と言いながらつきあってくれたこと

●毎朝外まで見送りに出てくれたこと

●けがをした時に、すぐ駆けつけてくれ、優しくしてくれたこと

●時々、外で友達と遊んでいる時に見守ってくれたこと

●誕生日やクリスマスにプレゼントをくれたこと

●授業参観や個人懇談に来てくれたこと

友達とのかかわりに関して嬉しかった

●友達とケンカした時、相手を一方的に悪いと言わず、お互いの意見を聴いてくれたこと。そして、自分の悪いところを叱ってくれたこと

●友達と言い合いになった時、味方になってくれたこと

●いじめを受けそれを隠していた時、心が壊れる前に親が気づき、学校に掛け合ってくれたこと

きょうだいとのかかわりに関して嬉しかった

●兄より先に物を選ばせてもらえたこと

最も嫌だったこと

親の対応が嫌だった

- 話（理由）を聴いてくれないときがあったこと
- 同じこと、わかっていることを何回も言われたこと（○○をやりなさい！　○○はできたの？）
- いけないことをした時の言い分を聴いてくれなかったこと
- 自分の人生について決めつけてきたこと
- 親から人の悪口や愚痴を聞かされ、同意を求められたこと
- 自分が悪いと思っていないのに怒られたこと
- 失敗し、ダメだと反省していたことを、追打ちをかけるように説教されたこと
- 嫌なことがあって落ち込んでいる時に、いろいろと聞いてきたこと
- 学校行事の日程が合わず、来てくれなかったこと
- 仕事が忙しく、親とかかわりがない時があったこと
- 年齢の上下や男女など、自分ではどうしようもないことが理由で怒られたり、指示されたりしたこと
- 親の意見を自分の意見とは関係なく通そうとしたこと
- 悪いことをした時、あきれられたような顔をされたこと
- 「なぜできないんだ」と言われたこと
- なんでもかんでもすぐ交換条件にしてきたこと
- 怒る時、怒鳴ってものを投げたり、叩かれたりしたこと
- 怒られた時、家から追い出されたこと
- 「態度で示せば許す」と言われたこと
- 褒めてもらえることが少なかったこと
- 外出先でも普通に叱ってきたこと
- なんでも自分とかかわりをもとうとしてきたこと
- 親の機嫌が悪い時、無視したり声が恐くなったりしたこと
- 怒られて正座させられたこと
- 「死ね」と言われたこと
- 試合で失格になった時、激怒されたこと
- ドラマや映画、アニメを見ている時、親が横からネタバラしや物語の世界観の否定をしてきたこと

勉強面でのかかわりが嫌だった

- 勉強しろと言われたこと
- 強制的に習い事をさせられたこと
- 受験に対するプレッシャーをか

けられたこと
●勉強しようとした時に「勉強しなさい」と言われたこと
●テストの点で怒られたこと
●テストで良い点をとっても「100点じゃないんだ」と言われたこと
●成績が悪くて部活を辞めさせようとしたこと
●苦手な算数を勉強させられたこと
●テストで満点を取れなかった時、たとえ90点を超えていたとしても褒められることもなく叱られたこと
●良くない点をテストで取った時、罰として自分の自由な時間を強制的に勉強の時間として拘束されたこと
●親に勉強を教えてもらい、解けなくて泣いてしまったら、怒鳴られたこと

生活面でのかかわりが嫌だった

●習い事に対して、口出しされたこと
●やりたいことに反対されたこと
●門限が厳しかったこと
●自転車を使うようになり、遠くに行けるようになった時、心配されたこと

友達とのかかわりが嫌だった

●友達と比較したり、きょうだいと比較したりして怒られたこと
●他の子が許してもらえることを許してもらえなかったこと
●友達との関係に干渉してきたこと

きょうだいとのかかわりが嫌だった

●「お姉ちゃんなんだから」と言われて怒られたこと
●「弟はできないから」と言って、全部自分に押しつけてきたこと
●姉ばかりがかまわれているように思い、さみしかったこと
●年の離れた兄が夜にサッカーの練習に行き、親も同行したため、夜一人の時があったこと。特に、おにぎりをテレビ相手に食べたこと
●理不尽にきょうだい関係で怒られたこと
●自分に対しては放任主義で、弟には過干渉気味でうらやましかったこと

私の本棚から

子育てに活かせる21のお薦めBook

1 みんなのためのルールブック あたりまえだけど、とても大切なこと

●ロン・クラーク著、亀井よし子訳　●2004　●草思社

小学生に日々、言い続けたいことが、可愛らしいイラストとともに50項目紹介されています。子どもがよりよい学校生活を送ることができるよう、また、良い大人になっていけるよう、親子でページをめくってみてはいかが？　私のお気に入りは、「何かをもらったら3秒以内にお礼を言おう」。最高の日本語「ありがとう」を子どもの口・耳・体になじませたいです。

2 あたりまえだけど、とても大切なこと 子どものためのルールブック

●ロン・クラーク著、亀井よし子訳　●2004　●草思社

「みんなのためのルールブック」の大人用解説版です。アメリカで最も人気のある小学校教師として有名なクラーク先生による、ユーモラスで感動的な事例がたっぷり掲載されています。とてもわかりやすく、子どもの育て方のヒントを得ることができます。「そんなの、あたりまえ」と思うことを、私たち親は言い続けていきましょう。

3 「叱らない」しつけ

●親野智可等著　●2010　●PHP研究所（PHP文庫）

子どもを叱ることなくしつけることができたらどんなにいいでしょうか。「叱らない」というよりも、「叱らずに済む」仕掛けがさまざまに紹介されています。また、「ハンカチはどこを持ち上げても全体が上がる。人間もどこを持って持ち上げてもいい。得意なこと、好きなこと、長所を持って上げてやればいい」（P91-95）。この言葉一つにもしびれます。

4 個性を捨てろ!　型にはまれ!

●三田紀房著　●2009　●大和書房（だいわ文庫）

漫画ドラゴン桜の著者の考えは、私の価値観にかなり合うものです。著者の提言に、「その通りだ！」と大きく声を挙げそうになったところがたくさんありました。「すでにある型を自分のものとしていくうちに、自分オリジナルの型が生まれる」「親や教師が手本となって型を実践する」(P144)。「型の教育」…今、改めて大切だと感じます。

5 モモ

●ミヒャエル・エンデ著、大島かおり訳　●2005　●岩波書店（岩波少年文庫）

今、大人も子どもも、「灰色の男たち」に大切な時間を奪われていないでしょうか？　インターネットやゲームが、時には「時間どろぼう」のように感じられることはないでしょうか？　この本を読み進めるうちに、子どもたちは主人公モモと一緒に時間の大切さを考えることができます。もちろん親としての私たちが読んでも心惹かれる名作です。

6 モタさんの“言葉”

●斎藤茂太、松本春野著　●2012　●講談社

「心の名医」が集めた言葉の全てに癒やされます。きっと自分へのプラスストロークが貯まります。「環境を自分で変えられないならば、心を変えるのが良策である」(P76)。私も現在、部署の「長」です。自ら手を挙げて務めている役目ではありません。しかし、心なら変えられます。

7 モタさんの“言葉”2

●斎藤茂太、松本春野著　●2013　●講談社

第8話「現状を変えるのは愛情だ」(P75)。電車内でむずかり始めた幼児。母はすっと抱き上げ、じっと抱きしめた。幼児はすぐに泣き止み、母の胸に頬を押しつけ、何かをしゃべり始めた。すると母は唇に手を当て、小さく何かをささやいた。そして、何度も背中をさすり始めた。このエピソードから、母の子どもへの愛情がジーンと伝わってきます。

8 今日も明日も上機嫌。モタさんの“言葉”

●斎藤茂太、松本春野著 ●2014 ●講談社

心にプラスストロークが貯まる「大人の絵本」です。「言葉には人を力づける不思議な力があるものだ。ただ言葉をかける。それだけで相手の心を温める。自分自身に対してだってそうだ」(P3-5)。自分に優しくできない人は、きっと周りにはもっと優しくできないでしょう。だから、まずは自分に優しくしませんか、お互いに。

9 にんげんごみばこ

●のぶみ作・絵 ●2008 ●えほんの杜

ある小学校の校長先生に紹介していただきました。「いらない人、きらいな人は、どんどん　にんげんごみばこにすてちゃおう」…考えさせられます。そして、最後に感動します。繰り返して子どもに読み聞かせたい本です。私は、孫が幼稚園に入るころ、読み聞かせをするのを今から楽しみにして…。

10 自閉症の僕が跳びはねる理由

●東田直樹著 ●2007 ●エスコアール

この著作では、会話の苦手な著者が筆談（タイピング）により自分の思いを私たちに伝えています。直樹君の言葉「僕たちが一番辛いのは、自分のせいで悲しんでいる人がいること」(P61) 等、心が揺さぶられます。本書に登場するオサム君タイプの「気になる子」を理解するヒントを得るために、親はもちろん全ての大人にお薦めしたい本です。

11 16歳の教科書2「勉強」と「仕事」はどこでつながるのか

●6人の特別講義プロジェクト&モーニング編集部編著 ●2009 ●講談社

「何故、勉強しなくちゃいけないの？」と子どもに尋ねられることがあるでしょう。私は、この著作の「1時限目」に綴られたジャズシンガー綾戸智恵さんの言葉の数々を子どもに伝えたいと思います。その筆頭は「学校の勉強は心の体育。頭を鍛えているんじゃなくって、心を鍛えているのよ」(P20)。スリムなこの言葉を繰り返して子どもたちに！

12 ちびまる子ちゃんの音読暗誦教室

●齋藤孝・さくらももこ著　●2003　●集英社

私の大好きな「ちびまる子ちゃん」と著名な齋藤孝先生の「タッグ」による「最強本」です。「黙読より音読したほうが脳は活性化する」（P1）ならば、我が子とともに美しい日本語を繰り返し音読したいものです。まずは、かつて日本人のほとんどが小学生時代に暗唱したと言われる定番「雨ニモマケズ」（宮澤賢治）にチャレンジしてみませんか？

13 空気の教育

●外山滋比古著　●2011　●筑摩書店（ちくま文庫）

家風、校風、社風など、それぞれの場所には見えない「空気」があります。「空気」は「形式×繰り返し×時間の結果」により醸し出されます。この「空気」を「しきたり」、「文化」と呼びます（P218-219）。それぞれの家庭の良き「空気」を創りませんか。私は親としてどんな家風を創ってきたのかな？　ちょっと反省です。

14 ゴードン博士の親に何ができるか「親業」

●トマス・ゴードン著、近藤千恵、中井喜美子訳　●1990　●三笠書房

私はゴードン博士の「親業」にある「アイメッセージ&ユーメッセージ」を学んでから、親としても教師としても、子どもを育む「腕」が上がったと思います。特に「アイメッセージ」は「愛メッセージ」。心からそう思います。全ての親、教師に読んでほしい、学んでほしい。「親業」を学ぶなら、まずはこの一冊で！

15 子どもが育つ魔法の言葉

●ドロシー・ロー・ノルト、レイチャル・ハリス著、石井千春訳　●1999　●PHP研究所

冒頭の詩「子は親の鏡」から心をギュッとつかまれます。この20行からなる詩を、私たち親は忘れずに子どもに接するならば、きっと良い親になれますし、きっと良い子どもたちが育ちます。「やさしく、思いやりをもって育てれば、子どもはやさしい子に育つ」。お互い、良い「鏡」になりたいですね。

16 アドラー博士の子どものピンチを見抜く法

●星一郎著　●2002　●サンマーク出版（サンマーク文庫）

「子どもの問題行動の4段階」がわかりやすいです。自分の居場所をなくし「勇気」をくじかれた子どもは、「第1段階：関心を引く、第2段階：反抗的な態度で挑戦する、第3段階：相手を困らせる・傷つける等の復讐をする、第4段階：無関心・無能力を装う」と捉えています。子どもに「勇気」を育むためのヒントがさまざまに示されています。

17 アドラー博士のキレる子どもにしない法

●星一郎著　●2003　●サンマーク出版（サンマーク文庫）

子どもがキレる「引き金」として、「正しいことを言われる」「感情的な言葉をぶつけられる」「人格の否定（おまえはダメな子だ、等）」の三つが挙げられています。我慢のできる子に育てるには「我慢しなさい」ではなく、「よく我慢できたね」という言葉をかけ続けることが大切（P154）とあります。ちょっとした言葉かけの工夫が参考になります。

18 ウユニ塩湖　心を整える100の言葉

●TABIPPO（編集）　●2015　●いろは出版

最近、私が寝る前に数ページ読む「枕元の書」です。世界一の「奇跡」と呼ばれたボリビアのウユニ塩湖の絶景写真とともに、100の名言が紹介されています。「人は自分が決意した分だけ、幸せになれるものだ」（第16代米国大統領、E.リンカーン）（P163）。プラスの決意でストロークバンクをいっぱいに満たし、私たち親はみんなで幸せになりましょう。

19 打たれ強く生きる

●城山三郎著　●1989　●新潮社（新潮文庫）

「このタイトルのように生きたい」と思い、これまで何度も読み返してきた著作です。ビジネスマン向けに書かれたものですが、親の立場で読んでも子育てに活かせる内容がたっぷり。特に「初心安心」の項（P24-26）に心が動きます。「初心である限り、人生はいくらでも広がって行く」…。子どもが生まれたときの喜び・感動を忘れずにいたいものです。

20 18歳からの人生デザイン

●國分康孝著　●2009　●図書文化社

子どもはいつまでも小学生のままではありません。子どもが18歳になるころ、親からのプレゼントとして是非、子どもに贈ってほしい本です。「人生の幸・不幸は自分が呼び込む」「自分で動けば幸福は来る」（P13-15）。子どもたちに日々伝え続けたい言葉ですが、そのためにはまずは親としての自分自身が実践ですね。動きましょう！

21 親から子へ　かかわりの糸を結ぶ21の言葉

●曽山和彦著　●2017　●文溪堂

私の書棚の一番前に置いてあるのは、もちろん！　今、皆さんが手にしている『かかわりの糸を結ぶ21の言葉』です。自分で読んでいても、かわいらしい登場人物の日々のエピソードに、ちょっとウルウルしてしまうほど。親になって27年、教師になって33年、「子育てって素晴らしい！」。今、心からそう言える自分が幸せです。

おわりに

本書は、私にとって初の「お父さん・お母さんの子育て応援本」です。執筆を進める中で、いつもチラチラと頭をよぎっていたのは、息子（現在27歳になります）とのかかわりの思い出です。例えば、1の言葉「正しいことを言うときは少しひかえめに言う」をまとめながら、「頭ごなしに叱りつけたことがあったなぁ」とか、14の言葉「関係づくりの第一歩は相手への関心から」をまとめながら、「息子の好きだったテレビゲームにつきあって遊んだことは一度もなかったなぁ」とか…。今でこそ、さまざまなことを「えらそうに」語っていますが、小学生の息子を前にした当時30代半ばの私は、本当に未熟な親であったと反省することしきりです。

本書は、そんな私が、今から20年前にさかのぼることができ、息子の前に再び立つならば、「これらの言葉を意識してかかわりたい」と思うものを整理し、「21の言葉」としてまとめ上げたものです。親としてだけではなく、教師としても小学生の担任をすることが多かった私は、子どもとのかかわりを通して学んだ「体験知」こそが、かけがえのない「財産」になったと感じています。そして、その「財産」を、カウンセリングや心理学、特別支援教育の理論とすり合わせることで「財産」に磨きがかかり、より高い価値が付加されたと感じます。それ故、本書で紹介する「21の言葉」は、まさに、「I thinkの前には理論が必要（國分康孝先生の言葉）」ということを具現化したものになっています。その意味で、本書は、既刊の「王道シリーズ」同様、自信をもって読者の皆さんにお薦めすることができます。

本書をお読みになり、皆さんはどんな感想をおもちになったでしょうか？　特に、日々、子育てに悩みを抱えるお父さん、お母さん方に、ホッと一息つき、肩の力を抜いてお読みいただけるよう、漫画ストーリーを多めに入れているのが本書の特徴です。ぜひ、率直なご意見・ご感想をメール（soyama-koen@bunkei.co.jp）等でお寄せいただければ幸いです。そして、もしご縁があるならば、ＰＴA講演会等の会場で皆さんに直接お会いし、「応援メッセージ」を送ることができればと考えています。私はいつでも、どこでも、皆さんを応援します。

本書の刊行に向けては、「これまでの『王道』シリーズとは異なる新たな方向性」という示唆と共に、執筆への背中の後押しをしていただいた文溪堂の岸保好さんに感謝します。また、本書の構成・漫画ストーリー等に関し、何度も打ち合わせを重ねた「仕事仲間」と言える文溪堂の佐竹哲夫さん、双双編集の江口千晃さんに感謝します。そして、私が、既刊「王道」シリーズ&本書のように、「おもしろくて、ためになり、理論的背景がある」というコンセプトを大切にできるのは、教育カウンセリングの師である國分康孝先生、久子先生の教えがあるからです。私はこれからもずっとお二人を師と仰ぎ、学び続けていきます。私に構成的グループ・エンカウンターをはじめとするさまざまな教育カウンセリング理論・技法、人としての生き方・在り方をご教示くださった康孝先生、久子先生に感謝します。

最後に、私の家族へ。妻の晃子、母の博子、義父母の昭二郎、ツマ、息子の泰賀、娘の翡衣、孫の新…。私自身、本書に紹介した「21の言葉」を、いの一番に家族にかけていこうと思います。「家族という糸」がこれからますます太くなり、日々の研究・実践に向かう私をきっと支えてくれるはずです。

皆に感謝して。いつも本当にありがとう!

平成29年2月吉日　曽山　和彦

参考文献

- 3頁、「鶏の卵は孵化するのに21日かかる。人間が…」:『もう、不満は言わない』W.ボウエン著、高橋由紀子訳、2008、サンマーク出版
- 13頁、『親業』:『親業』T.ゴードン著、近藤千恵訳、1977、サイマル出版会
- 13頁、「勇気づけの言葉」:『勇気づけて躾ける』R.ドライカース、V.ソルツ著、早川麻百合訳、1993、一光社
- 21頁、「自分の気持ち、考え、意見、希望など…」:『子どものためのアサーショングループワーク』園田雅代・中釜洋子著、2000、日本・精神技術研究所
- 22頁、「祝婚歌」:『吉野弘全詩集』吉野弘著、1994、青土社
- 29頁、「ブリーフ・セラピー(短期療法)」:『解決志向ブリーフセラピー』森俊夫・黒沢幸子著、2002、ほんの森出版
- 36頁、「割れ窓理論」(ブロークン・ウィンドウズ理論):『割れ窓理論による犯罪防止』G. L. ケリング、C. M. コールズ著、小宮信夫監訳、2004、文化書房博文社
- 50頁、「親業」の技法:『親業』T.ゴードン著、近藤千恵訳、1977、サイマル出版会
- 58頁、「学童期の子どもたちは知識生活時代」:エリク・H・エリクソン:『心理学がわかる事典』南博著、1983、日本実業出版社
- 65頁、「価値観の多様性を受け入れる」:NHK「プロフェッショナル」服巻智子(ハラマキトモコ)出演、2007年10月30日放送
- 75頁、「論理療法」:『ポジティブ教師の自己管理術』國分康孝著、1996、図書文化社
- 91頁、「『型』の中に見いだす違いが『個性』になる」:『一流の男になる 松平家の教え』松平洋史子著、2015、日本文芸社
- 91頁、「10歳までは教える生徒指導、10歳からは考えさせる生徒指導」:『発達を考えた児童理解・生徒指導』川島一夫編著、1997、福村出版
- 100頁、「オニの心」:『時々"オニの心"が出る子どもにアプローチ 学校がするソーシャルスキル・トレーニング』曽山和彦著、2010、明治図書
- 116頁、「仲間関係の発達」:『教育心理学Ⅱ』下山晴彦編、1998、東京大学出版会
- 142頁、「カウンセラーは白いスクリーンであれ」:『カウンセリングの理論』國分康孝著、1980、誠信書房
- 166頁、「交流分析理論」:『愛のストローク療法』近藤裕著、1997、三笠書房
- 175頁、「サバイバル・クエスチョン」:『解決志向ブリーフセラピー』森俊夫・黒沢幸子著、2002、ほんの森出版
- 183頁、「幸せだから笑うのではない。笑うから幸せになる」:『幸福論』アラン著、串田孫一・中村雄二郎訳、2008、白水社

著者紹介

名城大学 教授・教職センター長

曽山《そやま》 和彦《かずひこ》

群馬県桐生市出身。東京学芸大学卒業、秋田大学大学院修士課程修了、中部学院大学大学院博士課程修了。博士（社会福祉学）。東京都、秋田県の養護学校教諭、秋田県教育委員会指導主事、管理主事、名城大学准教授を経て、現職。学校心理士。ガイダンスカウンセラー。上級教育カウンセラー。学校におけるカウンセリングを考える会代表。著書に『時々、"オニの心"が出る子どもにアプローチ 学校がするソーシャルスキル・トレーニング』（明治図書）、子どもに学んだ「王道」ステップ ワン・ツー・スリーI『教室でできる特別支援教育』、II『教室でできる関係づくり』（文溪堂）、編著書に「気になる子への支援のワザ」（教育開発研究所）、ほか多数。

- 本書についてのご意見・ご感想をお教えください。
  soyama-koen@bunkei.co.jp
  ※メールに件名「かかわりの糸を結ぶ21の言葉」と入れて、ご意見・ご感想をお書きください。
- マンガ・イラスト／MKHDK（牧 英樹） ● 装幀・デザイン、DTP／双双編集 ● 制作協力／双双編集

親から子へ

かかわりの糸を結ぶ21の言葉

2017年3月　第1刷発行

著　者　曽山　和彦
発行者　水谷　泰三
発行所　株式会社文溪堂
東京本社／東京都文京区大塚 3-16-12　〒112-8635　TEL (03) 5976-1311㈹
岐阜本社／岐阜県羽島市江吉良町江中 7-1　〒501-6297　TEL (058) 398-1111㈹
大阪支社／大阪府東大阪市今米 2-7-24　〒578-0903　TEL (072) 966-2111㈹
ぶんけいホームページ　http://www.bunkei.co.jp/
印刷・製本　サンメッセ株式会社

ISBN978-4-7999-0227-1　NDC375　200p　210㎜×148㎜
落丁本・乱丁はお取り替えします。定価はカバーに表示してあります。